Syndicat du Personnel Municipal de la ville de Lyon

C. G. T. C. G. T.

LE
Nouveau Régime des Retraites
du Personnel Municipal
de la Ville de Lyon

CAISSE NATIONALE — CAISSE MUNICIPALE

RÉGIME TRANSITOIRE

EXEMPLES DE LIQUIDATION

PRIX : 1 FR. 25

LYON

Imprimerie CLÉMENTELLE & CREUSAT

8, Rue Marietton et Rue du Mont-d'Or

1923

Brochure éducative éditée par le Syndicat

EN VENTE :

Au Siège, 33, rue Bossuet, et chez les Secrétaires de Sections

C. G. T.  C. G. T.

LE
Nouveau Régime des Retraites
du Personnel Municipal
de la Ville de Lyon

CAISSE NATIONALE — CAISSE MUNICIPALE

RÉGIME TRANSITOIRE

EXEMPLES DE LIQUIDATION

PRIX : 1 FR. 25

LYON

Imprimerie CLÉMENTELLE & CREUSAT

8, Rue Marietton et Rue du Mont-d'Or

1923

Brochure éducative éditée par le Syndicat

EN VENTE :

Au Siège, 33, rue Bossuet, et chez les Secrétaires de Sections

SOMMAIRE

PRÉFACE

Cette brochure était depuis longtemps réclamée par nos camarades. Nous nous excusons de n'avoir pu la mettre plutôt à leur disposition. Le Décret consacrant le nouveau régime des Retraites, n'ayant été connu de nous que le 11 Novembre, nous ne pouvions rien entreprendre sans connaître exactement les termes de ce Décret, et les modifications apportées au règlement de la Caisse Municipale.

Nous n'avons nullement la prétention de présenter un travail complet et rigoureusement exact. Continuellement harcelé par d'autres questions, nous avons dû procéder avec une certaine hâte à la mise au point de cette brochure, et il n'y aurait rien de surprenant que l'on y découvrît quelques lacunes, quelques erreurs.

Les exemples de liquidation de pension, à la Caisse Nationale, sont calculés sur des bases moyennes et ne sont que des chiffres approximatifs. D'autre part, le régime actuel se trouve tellement complexe qu'il était impossible d'en exposer par le détail, toutes les modalités, comme il est impossible d'analyser tous les cas spéciaux qui peuvent se rencontrer dans l'application des règlements.

En insérant dans cette brochure les règlements, délibérations et décrets modifiant en ces dernières années le régime des retraites, en établissant des comparaisons entre les deux Caisses, nous nous sommes efforcés de mettre à la disposition de nos camarades ;avec le plus de clarté possible, toute la documentation utile pour les orienter dans le choix du régime qui leur paraîtra le plus avantageux.

L'unification du régime de Retraites, la situation faite aux participants obligatoires ou facultatifs de la Caisse Nationale, par les bonifications de la Ville, sont *l'œuvre de l'organisation syndicale et nous sommes persuadés que nos camarades apprécieront l'importance de la réforme obtenue. Nous leur demandons seulement, en signe de reconnaissance, de rester attachés plus fidèlement que jamais à leur organisation, de la défendre partout, et en toute occasion, contre ses détracteurs ; de faire une propagande incessante pour le développement de son action bienfaisante.

Le Syndicat, de son côté, continuera, avec la confiance et la collaboration de tous, son œuvre d'éducation sociale, et luttera sans cesse pour des améliorations nouvelles, préparant en même temps les jeunes générations à une ère de liberté, de bien-être et de fraternelle sympathie.

P. Jublain.

RÉSUMÉ DE L'ACTION SYNDICALE
menée en vue de l'amélioration du Régime des Retraites

1. — Le Syndicat Général des Travailleurs Municipaux, constitué en Avril 1910, après avoir obtenu en 1913, une nouvelle échelle de traitements basée sur le minimum de 1825 fr. par an (5 fr. par jour), met à l'étude un projet de retraites (Février-Mars 1914).

La guerre interrompt les travaux de la Commission nommée à cet effet.

2. — En 1919, de suite après la conclusion de la paix, le Syndicat obtient un relèvement général des traitements. En 1920, il reprend la question des Retraites. Un projet est élaboré et adressé à l'Administration (10 Novembre 1920).

3. — L'Administration trouvant trop élevées les prétentions contenues dans ce projet, refuse d'en entreprendre l'examen. Le Syndicat poursuit son action sur de nouvelles bases. Il demande et obtient (18 Juillet 1921) la nomination d'une Commission paritaire pour étudier un nouveau projet.

4. — Le Syndicat met à la base de ses revendications : 1° *L'unification du régime des retraites et l'admision de tout le personnel à la Caisse Municipale* dont les pensions servies sont, à ce moment, de trois à quatre fois supérieures à celles de la Caisse Nationale. 2° *Des modifications au règlement de la Caisse Municipale*, notamment : a) *Retraite proportionnelle* à 15 ans de service pour tout employé qui en ferait la demande, mais avec liquidation reportée à 55 ans ; b) *Reconnaissance des catégories insalubres ;* c) *Mise à la retraite d'office* à 30 ans de service et 55 ans d'âge. 3° *Un système de bonifications*, payées par la Ville, venant parfaire les pensions dérisoires servies par la Caisse Nationale. 4° *La faculté d'option* pour le personnel en service. 5° *Des majorations de retraites* pour les employés déjà pensionnés et *l'élévation des secours* alloués aux anciens employés n'ayant participé à aucune Caisse, ou à leurs veuves.

5. — Le Maire n'accepte pas l'intégralité des propositions de la Commission, et discute notamment le taux des bonifications proposées qui sont réduites à *50 francs* pour la période d'avant 1919, et à *25 francs* pour la période postérieure à 1919. La Commission demandait 75 fr. et 50 fr. pour chaque période respective.

Le Maire s'oppose à la retraite proportionnelle et au classement des catégories insalubres.

6. — Les délégués syndicaux soumettent les propositions du Maire à une Assemblée Générale tenue le 11 Mai 1922, et qui décide de demander une bonification uniforme par année de service sans démarcation entre les deux périodes. L'Assemblée accepte le versement de 6 0/0 à capital aliéné proposé par l'Administration pour ceux restant adhérents à la Caisse Nationale.

7. — Le Maire élève à *30 francs* la bonification des années de service postérieures à 1919, mais maintient le taux de *50 francs* pour la période antérieure.

8. — Le Conseil Municipal, dans sa séance du 19 Juin 1922, vote le nouveau régime des retraites, l'accord s'étant finalement établi entre le Syndicat et l'Administration. (Voir d'autre part le compte rendu de cette séance.)

9. — Dans sa séance du 10 Octobre 1922, le Conseil Municipal vote les propositions de l'Administration, arrêtées en accord avec le Syndicat, tendant à majorer les pensions de retraites de la Caisse Nationale, ou les secours annuels et renouvelables, attribués aux anciens employés ou à leurs veuves. (Voir d'autre part cette délibération.)

10. — Observations du Ministre des Finances sur les modifications proposées au règlement de la Caisse Municipale. (Voir Rapport du Maire et Délibération du Conseil Municipal du 20 Novembre 1922.)

11. — Les délégués syndicaux participent au cours de diverses séances de la Commission paritaire (Avril-Mai 1923) aux discussions soulevées par les nouvelles observations ministérielles en suite de la délibération précitée. Ils réussissent à sauvegarder les droits acquis pour le personnel en service au moment de l'approbation du nouveau régime. (Voir lettre du Ministre de l'Intérieur du 28 Avril 1923.)

12. — Le décret approuvant les modifications apportées au régime des retraites du personnel municipal est enfin signé le 7 Octobre 1923, adressé au Préfet du Rhône le 26 Octobre, et inséré au Bulletin Municipal le 11 Novembre 1923.

13. — *Le délai d'option de trois mois demandé par le Syndicat est fixé du 17 Octobre 1923 au 17 Janvier 1924.*

Comment se présente
le Nouveau Régime des Retraites

I. — Les employés et ouvriers dépendant des services municipaux se classent en **quatre catégories,** savoir :

a) Ceux qui participaient, et continuent à participer à la Caisse
Municipale des retraites.

b) Ceux qui participant à la Caisse Nationale des retraites pour
la vieillesse, n'ayant pas dépassé l'âge de 45 ans au 1er Janvier
1922, ont la faculté d'opter pour la Caisse Municipale.

c) Ceux qui, ayant dépassé, à la date précitée, l'âge de 45 ans,
continuent à participer à la Caisse Nationale (1).

d) Les employés ou ouvriers titularisés depuis le 1er Juin 1922
et qui, dépendant de catégories participant jusqu'alors à la Caisse
Nationale, sont devenus obligatoirement, depuis cette date,
tributaires de la Caisse Municipale

II. — Les modifications apportées par le Ministre aux articles
7, 9 et 10 du règlement de la Caisse Municipale, et concernant le
temps de service exigé pour le droit aux pensions proportionnelles
(suppression d'emploi, invalidité) ne sont pas applicables au
personnel actuellement en service, qui conserve les droits concédés
par l'ancien règlement. Toutefois le nouveau règlement sera
applicable aux employés de la catégorie *d* titularisés après la
signature du décret.

III. — Les employés et ouvriers qui participent à la Caisse
Nationale ont la faculté, dans un délai de trois mois, à dater
du jour de la signature du Décret (17 Octobre 1923) **d'opter** en
faveur de la Caisse Municipale, *s'ils étaient âgés de moins de 45 ans
au 1er janvier 1922.* Ils devront adresser par écrit, leur déclaration
d'option et indiquer qu'ils acceptent de se conformer au réglement
de la Caisse Municipale. Il sera effectué sur leur traitement, à dater
du 1er Janvier 1924 : 1° une retenue de 7 0/0 (2) ; 2° la retenue du
1er douzième de leur traitement, étant entendu que cette retenue
pourra être échelonnée sur une période de 12 mois au maximum.

---

(1) Admis à verser 6 0/0 à capital aliéné, à dater du 1er Janvier 1924.
(2) Il ne sera pas admis de versements rétroactifs.

Lors de la liquidation de leur retraite, celle-ci sera constituée de trois parts : 1° D'une pension calculée à raison de 1/45 du traitement moyen des trois dernières années de service, pour chaque année de versement à la Caisse Municipale (un minimum de 10 ans est exigé), soit 10/45 ; 15 ans = 15/45.

2° De la rente produite par les versements à la Caisse Nationale pendant la période de participation à cette Caisse.

3° Des bonifications allouées par la Ville pour chaque année de service à titre permanent, pendant le temps de la participation à la Caisse Nationale (50 fr. par année pour la période antérieure au 1er Juillet 1919 ; 30 fr. par année pour la période postérieure à cette date).

IV. — Les employés et ouvriers qui, en raison de leur âge, n'ont pu être admis à participer à la Caisse Municipale, continuent leurs versements à la Caisse Nationale. Mais les retenues effectuées sur les traitements seront désormais de 6 o/o et les versements seront faits à *capital aliéné*. La Ville versera également 6 o/o du traitement et à *capital aliéné*. Ceux qui voudraient conserver le statu quo devront en faire la déclaration écrite avant le 17 janvier 1924.

En plus de la rente produite par ces versements à la Caisse Nationale, les participants de cette catégorie bénéficieront également des bonifications prévues au paragraphe III ci-dessus, mais seulement jusqu'à concurrence de 30 années de service.

V. — **Situation des Veuves**. — *a*) La veuve d'un participant à la Caisse Municipale a droit à la moitié de la pension du mari, ou de celle à laquelle il aurait eu droit au moment de son décès. (V. art. 17, 18, 19 du réglement).

b) La veuve d'un participant à la Caisse Nationale ayant opté pour la Caisse Municipale a droit à une pension calculée comme suit : 1° Moitié de la pension servie après un minimum de versements de 10 ans (minimum exigé par le réglement, sauf les cas prévus à l'art. 12) ; 2° De la moitié des bonifications allouées par la Ville pour la période pendant laquelle le décédé a participé à la Caisse Nationale ; 3° De la part de rente constituée à ladite Caisse par les versements effectués par le décédé en faveur de son épouse, et dont la liquidation aura lieu pour elle à l'âge de 55 ans.

c) La veuve d'un employé ayant dû, en raison de son âge, continuer à participer à la Caisse Nationale aura droit : 1° à la rente acquise par les versements du mari en faveur de son épouse (liquidation à 55 ans ; 2° à la moitié des bonifications servies par la Ville, auxquelles aurait pu prétendre l'employé au moment de son décès (liquidation immédiate). (1).

CAS SPÉCIAUX

1. Situation d'une femme employée dans l'Administration, et dont le mari travaille dans l'industrie privée. En cas de décès, y aura-t-il réversibilité de la pension à laquelle pouvait prétendre cette employée, au profit de son mari ?

R.— Non. Au profit des enfants mineurs seulement s'il en existe

2. Les conjoints sont tous les deux employés de l'Administration et participent l'un et l'autre à la Caisse Municipale de retraites. En cas de décès de l'un ou de l'autre, y a-t-il réversibilité sur la tête du survivant ?

R.— Non. Sur la tête des enfants mineurs seulement s'il en existe.

3. Les conjoints sont tous les deux employés dans l'Administration, mais le mari participe à la Caisse Nationale, son épouse à la Caisse Municipale, comment, en cas de décès du premier, s'opère la liquidation de pension ?

R. — Le survivant participant à la Caisse Municipale, n'aura pas droit à la moitié des bonifications auxquelles aurait pu prétendre le décédé au moment de son décès, mais sa veuve aura-droit à 55 ans à la part de rente qui lui reviendra de la Caisse Nationale, du fait des versements du mari, cette liquidation de rente échappant complétement à la Ville. S'ils participent, et continuent à participer tous deux à la Caisse Nationale, ils ont droit, chacun séparément, aux bonifications de la Ville, sans réversibilité de l'un à l'autre.

(Voir exemples de liquidation.)

---

(1) Pendant la période située entre la délibération du Conseil Municipal du 19 Juin 1922 et la mise en application du nouveau régime (1er Janvier 1924), la veuve avait la faculté de choisir entre la rente viagère constituée par ces bonifications (50 0/0) et le capital provenant des versements faits à capital réservé par la Ville. Celle-ci versant désormais à capital aliéné, cette faculté disparaît.

Décret approuvant les modifications au Règlement de la Caisse Municipale des Retraites du Personnel de la Ville de Lyon

Le Président de la République Française,

Sur la proposition du Ministre du Travail, du Ministre des Finances et du Ministre de l'Intérieur,

Vu la loi sur les retraites ouvrières et paysannes, et, notamment, les paragraphes 3 et 4 de l'article 10 de ladite loi ;

Les décrets des 9 Février 1914, 23 Juillet 1918, 20 Juillet 1920 et 6 juin 1922 ;

Les délibérations du Conseil Municipal de Lyon des 19 juin et 18 décembre 1922 et 4 juin 1923 ;

Les propositions du Préfet du Rhône et les autres pièces de l'affaire,

Décrète :

Article Premier. — Sont approuvées les modifications apportées conformément aux statuts ci-annexés au Règlement de la Caisse municipale des Retraites de Lyon.

Art. 2. — Les bénéficiaires de la Caisse quittant, pour un motif quelconque, même par suite de démission ou de destitution, le service municipal sans avoir acquis des droits à pension, ont droit, pour les périodes de temps pendant lesquelles leur traitement annuel n'a pas excédé les maxima successifs prévus par la législation sur les retraites ouvrières et paysannes en ce qui concerne l'assurance obligatoire, à la liquidation à leur profit, d'une réserve mathématique égale à celle qu'ils auraient acquise s'ils avaient été placés sous le régime de la loi sur les retraites ouvrières et paysannes depuis le 3 Juillet 1911 ou depuis leur affiliation à la Caisse des retraites si celle-ci est postérieure à cette date, jusqu'à la cessation de leurs fonctions.

La réserve mathématique dont il s'agit est imputée sur les fonds du budget communal. Elle représente la somme qu'eut produite pendant la période indiquée au paragraphe précédent, la capitalisation des versements obligatoires annuels prévus par le troisième alinéa de l'article 2 de la loi sur les retraites ouvrières et paysannes, augmentée des contributions patronales correspondantes.

Ladite réserve est calculée d'après les tarifs de la Caisse Nationale des Retraites pour la Vieillesse en vigueur au moment où elle est liquidée, suivant l'âge atteint par l'intéressé à cette époque et en supposant que les cotisations de celui-ci et les contributions communales aient été versées à capital aliéné. Elle ne pourra, en aucun cas, être inférieure au montant des versements et contributions qui ont servi à la calculer. Le capital ainsi constitué sera versé à la Caisse Nationale des Retraites pour la Vieillesse, au compte ouvert au nom de l'intéressé à la Section spéciale relative aux opérations afférentes à la loi du 5 Avril 1910.

Art. 3. — Paragraphe premier. — Les agents tributaires de la Caisse municipale des retraites de Lyon qui auraient été admis à effectuer des versements rétroactifs pour des services antérieurement accomplis dans d'autres administrations et qui, pour la période correspondant à ces services, auraient soit acquitté les versements prévus à l'art. 2 ou 36 de la loi du 5 Avril 1910, soit bénéficié desdits versements sous forme de réserves mathématiques, seront l'objet d'une décision du Ministre du Travail annulant les sommes ainsi portées à leur compte au titre des retraites ouvrières et paysannes.

Ces sommes seront versées à la Caisse de retraites précitée; la part correspondant aux contributions personnelles des intéressés viendra en déduction des versements rétroactifs qu'ils auront à effectuer. L'Administration communale adressera au Ministre du Travail toute proposition utile en vue d'assurer l'exécution de la présente disposition.

Paragraphe 2. — Dans le cas où un agent quittant le service communal et ayant droit à la liquidation d'une réserve mathématique par application de l'art. 2 du présent décret aura bénéficié antérieurement de la mesure prévue au paragraphe précédent, la réserve mathématique à liquider à son profit devra comprendre le capital nécessaire pour rétablir à son compte de retraite ouvrière les rentes afférentes aux versements annulés en vertu dudit paragraphe.

Paragraphe 3. — Ne peuvent bénéficier de la faculté d'opérer des versements rétroactifs pour des services antérieurs, les agents pour lesquels ces services ont fait naître des droits éventuels ou acquis à une pension de retraites constituée avec la participation de l'Administration en dehors du régime général de la loi sur les retraites ouvrières et paysannes.

Art. 4 — Paragraphe premier. — Les agents réintégrés au service de la Ville au profit desquels une réserve mathématique aura été précédemment liquidée dans les conditions prévues par l'art. 2 du présent décret seront l'objet d'une décision du Ministre du Travail annulant ladite réserve, qui sera reversée à la Caisse de retraite précitée.

Paragraphe 2. — Dans le cas où ces agents quitteraient à nouveau le service de la Ville et auraient droit à la liquidation d'une nouvelle réserve mathématique. celle-ci devra comprendre le capital nécessaire pour rétablir à leur compte de retraite ouvrière les rentes afférentes aux versements annulés en vertu du paragraphe précédent.

Art. 5. — Les Ministres du Travail, des Finances et de l'Intérieur sont chargés, chacun en ce qui le concerne, de l'exécution du présent décret.

Fait à Paris, le 17 Octobre 1923.

A. MILLERAND.

Par le Président de la République :

Le Ministre des Finances,

Ch. DE LASTEYRIE.

Le Ministre de l'Intérieur,

Maurice MAUNOURY.

Le Ministre du Travail,

Albert PEYRONNET.

CONSEIL MUNICIPAL

Séance du 19 Juin 1922

Modifications des régimes de Retraites du personnel de l'Administration municipale. — Attribution de majorations aux pensionnés

RAPPORT DE M. LE MAIRE

Messieurs. le personnel municipal actuellement en fonctions — hormis les sapeurs-pompiers et un certain nombre d'autres agents soumis à des régimes spéciaux — se constitue, avec la participation de la Ville, une pension de retraite soit au moyen de versements

— 13 —

à la Caisse spéciale des Employés de l'Administration municipale, soit au moyen de versements à la Caisse Nationale des Retraites pour la Vieillesse.

Le personnel des bureaux est, notamment. tributaire de la Caisse municipale, le personnel ouvrier, de la Caisse Nationale.

Mais, de ces deux régimes de retraites, le moins avantageux est incontestablement le second. Les pensions servies par la Caisse Nationale sont, en effet. et pour diverses causes, très modestes. Elles ne permettent pas à ceux qui en sont les bénéficiaires de subvenir aux besoins de leur existence.

A plusieurs reprises les intéressés m'ont instamment demandé de remédier à cette situation.

La question, restée en suspens pendant la guerre a été reprise, récemment. Il m'a semblé que le moment était venu de la résoudre dans un esprit d'équité ; la réforme des retraites doit être le corollaire de celle des traitements.

J'ai, dans cette vue, chargé une Commission composée de Chefs de services de l'Administration municipale et de représentants du Personnel de rechercher et de me proposer les modifications qu'il y aurait lieu d'apporter aux règlements existants pour donner satisfaction, dans la mesure des possibilités, aux revendications formulées.

Cette Commission a rempli sa mission. Le travail qu'elle m'a fourni a servi de base au projet que j'ai l'honneur de vous soumettre et qui prendra effet du 1er Juillet 1922, en ce qui concerne les suppléments de pension et dès l'approbation par décret des dispositions relatives au règlement de la Caisse des Retraites en ce qui concerne la participation à cette Caisse des employés qui en sont actuellement exclus.

Ce projet s'inspire de cette idée qu'à égalité de traitement et pour des versements d'un taux uniforme effectués à la Caisse des Retraites pendant la même durée, la pension acquise aux différentes catégories du personnel municipal doit être la même.

Il tend à l'unification du régime des retraites.

Mais ce projet serait incomplet s'il ne réglait également, d'une part, la situation des agents qui, en raison de leur âge, resteront assujettis au régime de la Caisse Nationale et, de l'autre, celle du personnel retraité qui réclame instamment l'amélioration de sa condition.

Il est du devoir d'une grande cité comme la nôtre de mettre à l'abri des privations ceux qui l'ont servie loyalement et dont la vieillesse a réduit. pour ne pas dire aboli, la capacité de travail.

Les conditions de la vie, toujours rigoureuses, justifient l'effort qui sera fait en ce sens.

J'aborde maintenant l'examen de la réforme dans ses grandes lignes.

I

Modification du règlement de la Caisse des retraites des employés de l'Administration municipale.

La plupart des dispositions du règlement actuel, sanctionné par l'autorité supérieure, demeurent en vigueur. Mais le cadre de ce règlement a été considérablement élargi. A l'avenir, le personnel ouvrier lui-même y sera obligatoirement assujetti.

Un régime transitoire a dû, cependant, être aménagé pour les agents qui sont actuellement tributaires de la Caisse Nationale. On peut faire entrer ces agents dans deux catégories comprenant, l'une, ceux qui avaient moins de 45 ans au 1er Janvier 1922 et, l'autre, ceux qui avaient dépassé cet âge à la même époque.

Les premiers ont la faculté d'opter soit pour le régime de la Caisse municipale, soit pour le maintien de leur situation présente

Les seconds demeurent assujettis au régime de la Caisse Nationale : un minimum de dix années est indispensable, en effet, pour acquérir le droit à pension en vertu du règlement de la Caisse municipale.

Mais, les agents qui passeront à la Caisse municipale ne pourraient prétendre qu'à une pension réduite comparativement à celle qui sera liquidée au profit de ceux de leurs collègues qui en ont toujours été tributaires.

Pour remédier, dans une certaine mesure à cette inégalité, il a été prévu que les nouveaux adhérents bénéficieraient, lors de la liquidation de leur pension, d'une bonification de 50 francs par année de service à titre permanent jusqu'au 1er Juillet 1919, date du relèvement général des traitements, et de 30 francs par année de service comprise entre cette date et le jour où commenceront leurs versements à la Caisse municipale.

Cette bonification s'ajouterait à la pension principale et serait également réversible au profit des veuves et des orphelins.

Il m'a paru intéressant d'ajouter au règlement une disposition permettant de faire payer par la Caisse des Retraites toutes les pensions et suppléments de pensions bénévolement accordés par la Ville, lesquels sont actuellement mandatés sur le budget municipal. A cet effet, la Caisse recevrait chaque trimestre du budget municipal une somme égale à ces paiements. Ce procédé de comptabilité apporterait une simplification d'écritures appréciable et faciliterait les paiements faits aux pensionnaires du dehors. Il n'exercerait, d'ailleurs, aucune influence sur la liquidation des pensions, qui serait faite en conformité des règlements ou usages particuliers afférents à ces pensions ou suppléments.

II

Modification au règlement de la Caisse Nationale des Retraites pour la Vieillesse.

Ainsi qu'il a été dit précédemment, les agents ayant dépassé l'âge de 45 ans au 1er Janvier 1922 demeurent tributaires de la Caisse Nationale des Retraites pour la Vieillesse. Il en serait de même de ceux qui, âgés de moins de 45 ans opteraient pour le statu quo.

Aux termes du règlement actuel, tout assujetti à la Caisse Nationale verse obligatoirement 4 0/0 de son salaire, à capital aliéné, alors que l'allocation de la Ville, versée à·capital réservé, est de 4 0/0 du salaire, pendant les dix premières années du service, de 5 0/0 de la dixième à la vingtième année et de 6 0/0 au delà de la vingtième année.

Les faibles retenues qui jusqu'ici ont été exercées sur les salaires sont une des causes de la modicité des pensions.

J'ai pensé qu'il convenait, dans l'intérêt même des participants, de fixer désormais à 6 0/0 le taux de leurs versements.

La Ville verserait de son côté une somme égale aux retenues effectuées, mais à capital aliéné, ce qui aurait pour effet d'accroître très sensiblement la pension.

En outre, les adhérents à la Caisse Nationale bénéficieraient, comme leurs collègues ayant opté pour la Caisse municipale, des bonifications indiquées ci-dessus, lesquelles seraient toutefois calculées jusqu'à la date de la cessation des fonctions. Mais, en aucun cas, cette allocation ne pourrait porter sur plus de 30 années de services.

III

Attribution de suppléments de pension aux anciens employés municipaux retraités.

Les pensions liquidées sur le fonds de la Caisse municipale des Retraites avant le relèvement général des traitements, c'est-à-dire avant le 1er Juillet 1919, ne permettent pas à leurs titulaires dans la majorité des cas, de subvenir aux besoins de l'existence.

Aussi, des suppléments de pension suffisants me paraissent-ils devoir leur être accordés, ainsi qu'aux anciens employés d'octroi licenciés après dix ans de services et dont les pensions sont prélevées sur les fonds du budget.

En l'espèce, le mieux serait, à mon avis, de s'inspirer de ce que l'Etat a fait dans des circonstances analogues pour ses propres pensionnés.

Je vous propose, en conséquence, d'adopter, pour le relèvement envisagé, les bases suivantes :

100 0/0 pour une première part allant jusques et y compris 750 francs ;

50 0/0 pour la part comprise entre 750 et 1.800 francs ;

25 0/0 pour la part comprise entre 1.800 et 6.000 francs.

Le montant des parts serait réduit de moitié pour les veuves et les orphelins ; pour les bénéficiaires de pensions de retraites proportionnelles, la réduction serait d'un trentième pour chaque année comprise entre la durée des services sur lesquels a été basée la pension et la durée minimum de 30 ans exigée pour les retraites accordées à titre d'ancienneté.

Aucun supplément de pension ne serait alloué aux retraités qui bénéficient de majorations accordées par l'Etat, en vertu de la loi du 25 Mars 1920 ou qui sont titulaires d'un emploi rétribué d'un revenu supérieur à 2.500 francs.

Indépendamment des suppléments de pension à accorder aux retraités de la Caisse municipale, je vous demande de m'autoriser à procéder à la révision individuelle des secours dont bénéficient déjà les anciens agents de la Ville qui jouissent d'une pension de la Caisse Nationale et dont le faible produit ne correspond plus aux nécessités actuelles de l'existence.

Toutes ces majorations se confondraient, du reste, à due concurrence, avec les suppléments et secours déjà accordés par la Ville.

Il serait vain de se dissimuler que la réalisation du projet soumis à votre approbation se traduira, pour la Ville, par un important accroissement de charges.

Aux termes de l'article 3 du règlement de la Caisse des Retraites des Employés de l'Administration municipale, le montant des allocations de la Ville doit être égal à l'ensemble des retenues effectuées sur les traitements du personnel.

Cette charge s'accroît donc en proportion du nombre des participants.

On peut, approximativement, évaluer à 245.000 francs le supplément de dépenses qui, de ce seul chef, incombera à la Ville, pour la première année de fonctionnement du nouveau régime.

Les bonifications prévues en faveur du personnel tributaire de la Caisse Nationale, actuellement en fonctions, ainsi que les majorations de pensions donneront lieu, d'autre part, à un excédent de dépenses d'environ 500.000 francs.

La dépense totale à prévoir pour la première année ressort ainsi à près de 750.000 francs. Elle s'accroîtra, par la suite, au fur et à mesure que le personnel actuellement assujetti au régime de la Caisse Nationale des Retraites pour la Vieillesse sera appelé à bénéficier des bonifications qui ont été prévues en sa faveur.

Cet accroissement sera compensé par les décès ; la mortalité réduira successivement la charge de la Ville dans une proportion qui paraît devoir être équivalente.

En tout cas, quelque important que soit l'effort financier à consentir, il ne me parait pas possible, pour les raisons que j'ai précédemment exposées, d'ajourner plus longtemps la réalisation d'une réforme impatiemment attendue par les intéressés.

J'ai eu souvent l'occasion de rendre justice aux qualités professionnelles du personnel municipal. Je suis persuadé qu'il saura reconnaître les nouveaux sacrifices que s'impose la Ville pour améliorer sa condition, en redoublant de dévouement et en donnant son maximum de rendement.

Je vous propose, en conséquence, de vouloir bien voter les trois projets de délibérations joints au dossier, qui correspondent à chacun des cas qui viennent d'être examinés.

Lyon, le 12 juin 1922.

Le Maire de Lyon,
Edouard HERRIOT.

RAPPORT DE LA COMMISSION GÉNÉRALE

Mesieurs, le projet de modification au régime des retraites des employés municipaux, qui vous est soumis par l'Administration, comporte deux parties nettement distinctes, encore que la seconde soit, en quelque sorte, le corollaire de la première.

C'est d'abord l'unification du régime des retraites.

C'est ensuite l'attribution de suppléments de pensions aux retraités antérieurement au 1er juillet 1919.

Ainsi que vous le savez, tout le personnel municipal est actuellement rattaché, en ce qui concerne la constitution des retraites, soit à la Caisse municipale des Retraites, soit à la Caisse Nationale.

La Caisse Municipale, ou plus exactement la Caisse des Retraites des Employés de l'Administration municipale, est une Caisse régie par la Caisse des Dépôts et Consignations.

Ses revenus se composent :

1° Du produit des dons et legs qui pourront lui être attribués ;

2° Du produit des rentes 3 o/o sur l'Etat, provenant des placements faits ou à faire ;

3° D'une retenue de 7 o/o prélevée sur les traitements du personnel tributaire de la Caisse ;

4° De la retenue du premier mois d'appointements des employés nouvellement admis dans ce personnel (le versement de cette somme pourra être réparti sur une période de six mois) ;

5° De la retenue du premier douzième de toutes les augmentations de traitement obtenues, soit dans les mêmes fonctions, soit par suite d'avancement ;

6° Des retenues pour congé et de celles infligées par mesure disciplinaire ;

7° Des reliquats disponibles en fin d'exercice sur les crédits affectés spécialement aux traitements du personnel tributaire de la Caisse ;

8° D'une allocation de la Ville et du Bureau de Bienfaisance égale aux retenues effectuées sur le traitement des employés, par application des paragraphes 3, 4 et 5 ci-dessus (décret du 23 Juillet 1918.)

9° De la part attribuée à la Ville dans le produit des amendes et confiscations en matière d'octroi ;

10° D'une subvention de la Ville égale au montant des pensions des anciens retraités de l'octroi au 1er Janvier de chaque année (Décret du 23 Juillet 1918).

Sur ces revenus, la Caisse Municipale sert à tous les retraités de l'Administration, après 30 ans de services et 55 ans d'âge, une pension égale aux deux tiers de la moyenne de leur traitement des trois dernières années.

Cette pension s'accroît de 1/30 par an au-delà de 30 années jusqu'à 55 ans, et de 1/45 au-dessus de 55 ans d'âge, étant bien spécifié qu'elle ne peut, en aucun cas, dépasser les trois quarts du dernier traitement.

La Caisse Nationale des Retraites, elle, est un établissement de l'Etat qui, suivant accord avec la Ville, sert à certains membres du personnel municipal, une pension constituée par une retenue de 4 0/0 sur leurs appointements, à laquelle vient s'ajouter une allocation de la Ville.

La participation de la Ville à la Caisse Nationale des Retraites est de 4 o/o, soit une quotité égale à celle du bénéficiaire, pour les 10 premières années, de 5 o/o de la dixième à la vingtième, et 6 o/o pour les années suivantes.

Les versements des adhérents sont faits à capital aliéné, ceux de la Ville à capital réservé.

Les adhérents à la Caisse Nationale sont autorisés à augmenter leurs versements, mais sans que leur retenue, augmentée de l'allocation, puisse dépasser 500 francs. Or, comme la Ville verse, ainsi que vous le savez, une allocation au moins égale à la retenue de l'adhérent, il s'ensuit que cette autorisation est un leurre pour tous ceux ayant des traitements supérieurs à 6.000 francs, chiffre qui, cependant, constitue aujourd'hui un appointement très normal.

En réalité, les pensions sont infimes qui peuvent être constituées à la Caisse Nationale des Retraites.

En principe, la Caisse Municipale des Retraites avait été créée plus spécialement pour les employés qui sont, en général, plus stables dans leur emploi, tandis que le personnel ouvrier était tributaire de la Caisse Nationale Il était très naturel que l'effort financier de la Ville fût plus important en faveur de ceux sur lesquels elle pouvait compter, qu'en faveur d'une main-d'œuvre plus ou moins passagère

Aujourd'hui, grâce au relèvement des traitements et salaires dans le personnel municipal, la situation est tout autre, et employés de bureau ou personnel ouvrier restent fidèles à leur poste.

Aussi la question se posait-elle d'unifier la situation de tous les collaborateurs de l'Administration quant au régime de la consti-tution des retraites.

C'est pourquoi l'Administration vous propose de voter ce principe que tout nouveau membre du personnel municipal, employé ou ouvrier, soit dorénavant tributaire, en ce qui concerne sa pension, de la Caisse Municipale de retraites.

Mais avant que d'en arriver à cette suprême unification, qui doit d'ailleurs être ratifiée par décret, il y a lieu d'établir une mesure transitoire envisageant les cotisants actuels à la Caisse Nationale des Retraites, mais ne portant néanmoins atteinte aucunement à la liberté individuelle.

Rien ne serait changé pour les actuels adhérents à la Caisse

Municipale. Quant à ceux qui, actuellement, cotisent à la Caisse Nationale, on peut les diviser en trois classes :

1° Ceux qui opteraient pour leur transfert à la Caisse Municipale ;

2° Ceux qui, âgés de plus de 45 ans, ne trouveraient aucun avantage à ce transfert, en raison de ce que les statuts de la Caisse Municipale portent que les retraites ne peuvent être liquidées, sauf accident de travail, que de droit à 55 ans ou, à titre exceptionnel après dix ans de versements ;

3° Ceux qui, par convenance personnelle, préféreraient rester tributaires de la Caisse Nationale.

Pour le premier cas, l'Administration vous propose d'accorder à ceux qui opteront pour la Caisse Municipale une bonification de 50 francs par année de services jusqu'au 1er juillet 1919, époque du relèvement général des salaires, et de 30 francs par année comprise entre cette date et celle à laquelle ils commenceront leurs versements à la Caisse Municipale.

Pour ceux des seconde et troisième catégories, c'est-à dire ceux qui, en raison de leur âge ou de convenance personnelle, continueraient à rester tributaires de la Caisse Nationale, il leur serait accordé la même bonification, étant toutefois stipulé que cette bonification ne pourra, en aucun cas, porter sur plus de 30 ans de services.

En même temps, et afin de tâcher à unifier, en tant que faire se peut, le montant des pensions de tous ses retraités, l'Administration vous propose de porter de 4 à 6 o/o la retenue sur les traitements des adhérents de la Caisse Nationale. La Ville verserait une quote part égale et, d'autre part, abandonnerait la réserve de son capital et verserait sa part à capital aliéné.

Cette proposition, qui permettrait pendant la période transitoire d'améliorer les retraites servies par la Caisse Nationale, serait, si vous la votez, soumise à l'autorité centrale pour être ratifiée par décret.

Enfin, pour simplifier le paiement des pensions ou suppléments de pensions, l'Administration vous demande de décider qu'à l'avenir ces allocations, au lieu d'être mandatées spécialement sur le budget, seraient payées directement par la Caisse Municipale. Ceci n'est, en somme, qu'une simplification de comptabilité.

Voilà, Messieurs, toute la première partie du projet que vous soumet l'Administration. C'est, en somme, pour l'avenir, l'unification totale des constitutions de retraites pour le personnel municipal. Pour le temps présent, un système de transition, sur lequel j'aurai à revenir tout à l'heure, pour vous faire connaître les crédits que ce système prévoit.

La seconde partie du projet de l'Administration envisage la situation, non des retraités futurs, mais des retraités actuels, dont la pension fut liquidée avant la date du 1er Juillet 1919, qui vit l'augmentation générale des appointements. Ainsi que je vous le disais, c'est en quelque sorte le corollaire de la première partie du projet.

Je ne suis personnellement, je l'avoue, pas très partisan du régime des retraites. J'estime qu'il crée pour l'employé une fausse sécurité qui annihile parfois tout esprit d'initiative et, pour l'employeur, une obligation morale qui supprime en certains cas sa liberté de direction. Je mets à part, bien entendu, le personnel municipal, dont M. le Maire a si souvent fait un éloge mérité et auquel, certainement, le Conseil municipal s'associe tout entier.

Mais, le principe des retraites étant admis, si nous envisageons la situation de nos retraités d'avant le 1er Juillet, nous devons constater que, si le contrat qui les lie avec l'Administration a été tenu dans ses termes mêmes, il ne l'a peut être pas été dans son esprit, par suite du bouleversement que l'Humanité tout entière a subi ces dernières années.

Quel est, en effet, l'esprit qui a présidé à l'établissement des retraites ? C'est, je crois, celui-ci.

On a voulu que toute personne ayant consacré une partie de son existence à un service public ne soit pas brutalement, du jour au lendemain, réduite à une situation précaire par suite de sa mise à la retraite obligatoire.

Or, si j'étudie le tableau des retraites de notre Administration, dans l'état de la Caisse Municipale, je trouve que, sur 267 retraités, plus de 100 n'ont pas 1.200 francs de rente.

Aussi approuverai-je de tout cœur les efforts tentés pour relever ce chiffre. Voici les suggestions de l'Administration à cet égard

Le relèvement serait exécuté sur les bases suivantes :

100 o/o d'augmentation pour une première part allant jusqu'à 750 francs ;

50 o/o pour la part de 750 francs à 1.800 francs ;

25 o/o pour la part de 1.800 francs à 6.000 francs.

L'Administration témoigne ainsi de son esprit de haute justice en favorisant particulièrement les plus modestes de ses employés, et nous ne pouvons que l'en féliciter.

Le montant des parts serait réduit de moitié pour les veuves et les orphelins ; pour les bénéficiaires de pension anticipée, la réduction serait de 1/30 pour chaque année comprise entre la durée du service et la durée minimum de 30 ans exigée pour les retraites à titre d'ancienneté.

Ceci est de toute logique.

Toutefois, un article porte qu'aucun supplément de pension ne sera alloué aux retraités bénéficiant de majorations accordées par l'Etat suivant la loi du 25 mars 1920, non plus qu'à tout titulaire d'un emploi rétribué d'un revenu supérieur à 2.500 francs.

Je me permets d'attirer votre attention sur la modicité de ce chiffre. Monsieur le Maire, 2.500 francs par an, c'est 208 fr. 33 par mois. Et les 100 retraités dont je parlais tout à l'heure ne peuvent donc qu'envisager tout au plus 100 francs de retraite, 208 francs 33 de rétribution d'emploi. Ne pourriez-vous pas autoriser au moins 2.900 francs par an ? Je m'en rapporte à votre bonté et à votre justice.

Je vous proposerai encore une modification, ou plutôt une addition à votre projet. Tel qu'il est présenté, il semble un statut définitif. Cependant, l'augmentation, nécessaire aujourd'hui, en raison de la cherté de la vie, peut devenir moins indispensable.

On estime que le prix de la vie, actuellement, en France, peut être compté à 260 o/o de ce qu'il était en 1914. Mais je lisais, il y a quelques jours, qu'aux Etats-Unis, ce prix n'était plus que de 134 o/o. Cela s'explique par la hausse du dollar et par ce fait, surtout, que l'industrie nationale, et plus particulièrement l'agriculture, ont pris, ces dernières années, un grand développement aux Etats-Unis.

Nous pouvons espérer qu'il en sera de même en notre pays, et c'est pourquoi je vous demanderai que les tarifs d'augmentation des retraites soient revisables tous les trois ans, par convention passée entre l'Administration et les représentants des retraités, convention soumise au vote du Conseil municipal.

Il me reste maintenant, Messieurs, à vous présenter les charges que ces améliorations vont représenter pour la Ville.

D'après un tableau que j'ai sous les yeux, le crédit à voter pour 1922 s'élèverait à environ 250.000 francs pour l'unification des retraites et à environ 500.000 francs pour les bonifications aux retraités d'avant le 1er juillet 1919.

Ce chiffre, je dois vous le faire remarquer, est ce qu'on peut appeler le chiffre fort, ne tenant aucun compte, ni des retraités qui occupent un emploi suffisamment rémunéré pour les exempter de l'augmentation, ni des retraités restant adhérents à la Caisse Nationale, et non plus des décès.

D'ailleurs, ces dépenses ne sont que provisoires, et le bien, la justice que nous en attendons les légitiment parfaitement, surtout étant donné qu'elles sont revisables tous les trois ans.

C'est pourquoi, Messieurs, je vous demande d'accepter le projet de l'Administration et de voter la proposition suivante :

Le régime des retraites du personnel municipal est ainsi modifié :

1° En date du décret qui légalisera le vote du Conseil de ce jour, tout nouveau membre du personnel municipal, employé ou ouvrier, sera tributaire, en ce qui concerne sa pension, de la Caisse de Retraites des Employés de l'Administration municipale, et soumis à ses statuts existants.

2° Les membres actuels du personnel, adhérents à la Caisse Nationale de Retraites pour la Vieillesse, pourront, suivant leurs convenances personnelles, opter pour la Caisse de Retraites ou continuer à faire partie de la Caisse Nationale.

Toutefois, les membres restant assujettis à la Caisse Nationale des Retraites devront élever le taux de leur retenue sur leurs traitements à 6 0/0 au lieu de 4 0/0. L'allocation de la Ville sera également portée au même chiffre de 6 o/o et ses versements constitués à capital aliéné.

En suite de cette modification, et dans le but d'équilibrer les pensions, le Conseil municipal décide également d'accorder :

1° Aux membres de la Caisse Nationale optant pour la Caisse de Retraites, une bonification de 50 francs par année de services à titre permanent jusqu'au 1er Juillet 1919, date du relèvement général des salaires, et de 30 francs par année de services comprises entre cette date et le jour où commenceront leurs versements à la Caisse des Retraites ;

2° Aux membres du personnel municipal restant tributaires de la Caisse Nationale, la même allocation, étant toutefois stipulé que cette allocation ne pourra en aucun cas porter sur plus de 30 ans de services.

D'autre part, afin de simplifier le paiement des pensions ou suppléments de pensions accordés par la Ville, le Conseil municipal décide qu'à l'avenir, ces allocations, au lieu d'être mandatées spécialement sur le budget municipal, seraient payées directement par la Caisse des Retraites.

Enfin, dans un esprit de justice et de haute philanthropie, le Conseil municipal, désireux de remédier à la disproportion qui existe entre les pensions attribuées aux retraités municipaux d'avant le 1er juillet 1919, date de l'augmentation générale des traitements, et la cherté actuelle de la vie, le Conseil décide :

1° Qu'il sera attribué, à dater du 1er juillet prochain, à tous les retraités de l'Administration municipale dont les pensions auront été liquidées avant le 1er juillet 1919 :

Une augmentation de 100 o/o pour une première part de 750 fr. ;

Une augmentation de 50 o/o pour la part comprise entre 750 et 1.800 francs ;

Une augmentation de 25 o/o pour la part de 1.800 à 6.000 francs.

Toutefois, ne pourront être bénéficiaires de cette augmentation les retraités qui bénéficieraient déjà de majorations accordées par l'Etat en vertu de la loi du 25 mars 1920, ou qui seraient titulaires d'un emploi rétribué d'un revenu supérieur à 2.900 francs.

Il est bien entendu que cette augmentation de retraites n'est point attribuée à titre définitif, mais qu'elle pourra être revisée tous les trois ans par délibération du Conseil municipal.

Le Rapporteur,

Leroudier.

M. Rognon : L'affaire qui nous est soumise ce soir est d'une importance capitale. Il ne s'agit rien moins, en effet, que d'apporter des modifications aux régimes des retraites du personnel de L'Administration municipale.

J'ai lu seulement ce soir le rapport de l'Administration, publié dans le *Bulletin Municipal* d'hier.

J'ai, d'autre part, écouté avec beaucoup d'attention le rapport très intéressant de M. Leroudier.

Or, il me semble, autant que j'ai pu m'en rendre compte, que les conclusions du rapporteur ne sont pas toutes celles de l'Administration ; j'ignore, en outre, si ces conclusions donnent satisfaction aux désirs des intéressés que nous avons le droit de défendre.

Il aurait été indispensable, d'abord, de publier le rapport de l'Administration beaucoup plus tôt ; chacun de nous aurait pu l'étudier à loisir et se faire une opinion. Cela n'ayant pas été fait, il nous est impossible de prendre une décision ce soir, en connaissance de cause.

En conséquence, je demande qu'à l'avenir, les rapports aussi importants que celui qui nous est soumis ce soir, soient publiés au *Bulletin Municipal* un temps suffisant avant la séance publique.

En tout état de cause, il faut que nous connaissions à l'avance des documents de cette importance, même lorsqu'il ne s'agit pas, comme ce soir, de l'intérêt des braves gens que nous devons défendre.

M. LE MAIRE : Je voudrais démontrer à M. Rognon que l'Administration municipale n'encourt aucun reproche. Le projet qui est soumis ce soir aux délibérations du Conseil municipal a fait l'objet d'études très poussées et de communications très minutieuses en séance de Commission générale. Depuis très longtemps, les employés municipaux demandent la modification du régime des retraites. Après la guerre nous avons repris la discussion. Cette année, nous avons résolu de la mener à bonne fin. Une Commission composée de représentants de l'Administration et de représentants du Syndicat des travailleurs municipaux a été constituée. Cette Commission a tenu plusieurs séances avant d'aboutir. Elle m'a envoyé son travail, que j'ai soumis aussitôt à l'approbation de la Commission générale. J'ai dit au Conseil : « Il s'agit d'une affaire tellement importante que je désire savoir, Messieurs, si vous êtes d'accord avec l'Administration municipale sur les principes de la réforme. » Ces principes, je les ai exposés ici tout au long. La Commission générale les a approuvés. Des conseillers ont demandé, à ce moment-là, d'assister aux travaux de la Commission chargée d'étudier le projet. C'était une demande assez naturelle. J'ai accepté avec plaisir la collaboration éventuelle des membres du Conseil. Malheureusement, le nombre de mes collègues qui ont participé aux travaux de la Commission n'a pas été aussi grand que l'Administration l'eût souhaité.

Dans ces conditions, on ne peut pas dire que le Conseil n'a pas été tenu au courant de la préparation du projet de modifications de la Caisse des Retraites. Les travaux de la Commission ont été l'objet de communications spéciales. Ils ont été conduits, poussés et achevés en parfaite collaboration avec le Conseil municipal et terminés en parfait accord avec le personnel.

M. CALZAN : Le personnel approuve unanimement le projet qui nous est présenté ce soir ?

M. LE MAIRE : Ce projet a été approuvé unanimement par les représentants du personnel. Il peut exister quelques personnes que ce projet ne satisfasse pas. En tout cas, tous les représentants du personnel l'approuvent.

M. CALZAN : Le projet qui a paru dans le journal des travailleurs municipaux en 1920 est loin de ressembler à celui qui nous est soumis.

M. le Maire : Il s'est passé beaucoup de choses depuis cette époque. Il n'y a, Messieurs, qu'un point insignifiant sur lequel le rapport de M. Leroudier est en divergence avec celui de l'Administration. Je proposais de n'allouer aucun supplément de pension aux revenus supérieurs à 2.500 francs. M. Leroudier m'a demandé d'abord de permettre le cumul aux retraités qui gagnent moins de 2.900 francs. Je lui ai répondu que, si j'étais disposé, comme l'a fait l'Etat, à accorder aux retraités un supplément de pension qui leur permette de vivre dignement, je voulais aussi lutter contre des abus possibles qui pouvaient être le fait d'employés ayant pris leur retraite prématurément. C'est pour cela que j'avais fixé à 2.500 francs le montant du salaire qui interdisait le cumul, M. Leroudier demande maintenant que cette somme soit portée à 2.900 francs. Cette différence n'est pas pour nous diviser. M. Leroudier a rapporté très rapidement son dossier, nous ne pouvons que l'en féliciter. D'ailleurs, le vœu des employés municipaux, c'est que le projet soit voté le plus tôt possible. En effet, il faudra maintenant nous mettre d'accord avec le Gouvernement. Le projet doit être approuvé par le Ministre de l'Intérieur. Il faut nous attendre à un certain nombre d'observations et de difficultés, car l'Etat examine d'assez près les avantages que les Municipalités consentent à leur personnel.

M. Leroudier : Je me permets de faire remarquer que j'ai demandé la revision tous les trois ans des suppléments de pension accordés aux anciens employés municipaux.

M. le Maire : J'accepte aussi très volontiers que les majorations de retraites des employés municipaux soient revisables tous les trois ans. Nous accordons ces suppléments en raison de la vie chère. Si le coût de la vie vient à baisser d'ici trois ans, il y aura lieu de reviser le taux des suppléments.

M. Rognon : Je ne veux pas éterniser la discussion ni retarder le vote d'un projet qui donnerait satisfaction aux légitimes revendications de braves gens.

Je sais que l'Administration a travaillé en collaboration avec les représentants des intéressés ; je sais que votre rapport est le résultat de ce travail fait en commun.

Mon observation quant à la publication des rapports reste toutefois entière.

Un rapport de cette importance devrait être publié au *Bulletin*

Municipal suffisamment d'avance pour permettre à chacun de nous de l'étudier à loisir.

M. LE MAIRE : Par excès de scrupule, je vous ai soumis l'affaire avant d'avoir établi mon rapport. Je la considérais comme tellement importante — il s'agit d'une dépense de un million — que j'avais pensé qu'il était inutile de la poursuivre si nous n'étions pas d'accord. Je m'en suis assuré avant de procéder aux études de détail.

Je crois que vous ferez plaisir au personnel municipal si vous adoptez le plus tôt possible les propositions de M. le Rapporteur, car l'accord entre le personnel et l'Administration est complet.

M. CALZAN : Je ne comprends pas que l'Administration offre comme une aumône la majoration qu'elle accorde à ses retraités.

Lorsque l'Etat, en raison de la situation économique, a majoré le montant des retraites de ses fonctionnaires, il n'a fait aucune différence entre ceux qui continuaient à travailler et ceux qui se contentaient de vivre avec leur pension ; il a accordé une majoration à tous, sans distinction.

Or, l'Administration dit, dans la première **partie** de son rapport, que le mieux serait, à son avis, de s'inspirer de ce que l'Etat a fait dans des circonstances analogues pour ses propres pensionnés. et elle propose, pour ses retraités, les mêmes majorations que celles appliquées par l'Etat aux siens. Puis, dans la deuxième partie du même rapport, elle dit qu'aucun supplément de pension ne sera alloué aux retraités qui bénéficient de majorations accordées par l'Etat, en vertu de la loi du 25 Mars 1920, ou qui sont titulaires d'un emploi rétribué par un salaire annuel supérieur à 2.500 francs.

M. LE MAIRE : Oui.

M. CALZAN : Je constate d'abord que vous ne vous inquiétez pas de savoir si vos retraités n'ont pas de revenu personnel supérieur à 2.500 francs et que vous ne frappez que ceux qui veulent travailler pour augmenter leur retraite. Pour être logique, vous auriez dû frapper les uns et les autres.

Or, votre rapport spécifie très bien que les titulaires d'un emploi rétribué, d'un revenu supérieur à 2.500 francs, n'auront droit à aucun supplément. Jusqu'à 2.499, ils pourront prétendre à une majoration ; à partir de 2.500 francs, ils n'auront plus droit à rien du tout. Je trouve ce taux de 2.500 francs nettement insuffisant.

D'autre part, je proteste contre le principe qui fait de cette majoration comme une aumône. Car c'est un droit. Lorsque le régime des retraites a été institué, vous avez voulu, ainsi que vous l'avez déclaré vous-même, permettre à vos employés de vivre d'une façon décente sur leurs vieux jours. Puis la guerre est venue, et après elle la cherté de la vie. La responsabilité de cet état de choses étant collective, nous devons accorder un supplément de pension à tous nos retraités, sans nous occuper de leur situation de fortune particulière.

Je demande la **suppression** de cette restriction. Faisons pour les employés et ouvriers de la Ville ce que l'Etat fait pour les siens : accordons-leur à tous cette petite majoration qui, d'ailleurs, ne leur permettra pas de vivre très grassement.

M. LE MAIRE : Je ferai d'abord remarquer au Conseil que je n'ai pas écrit le mot aumône, pas plus que je ne l'ai prononcé, et qu'il n'est pas dans ma pensée. Je n'ai pas non plus prononcé le mot de droit. Le droit, pour un employé retraité, est la sécurité de sa pension.

Dans cette affaire, les intéressés faisaient appel à notre équité. C'est en équité que nous avons essayé de leur donner satisfaction.

Quand un employé retraité depuis quelques années vient demander au Conseil municipal un supplément de ressources pour lui permettre de vivre dignement, honorablement, nous avons le droit de tenir compte de sa situation, car, au fond, nous devons nous préoccuper des intérêts des contribuables. Avant de faire des largesses aux dépens des contribuables, nous avons le droit de réfléchir. La réserve que je vous propose me paraît d'un caractère tout à fait démocratique. Je n'ai aucun moyen de contrôler les revenus des retraités municipaux. Vous pensez, Monsieur Calzan, que j'aurais dû étendre la réserve aux retraités qui ont un revenu personnel ?

M. CALZAN : Pour être logique, évidemment.

M. LE MAIRE : Je ne possède aucun moyen de contrôler les revenus propres des anciens employés de la Ville.

Mais j'ai le devoir de tenir compte des conditions dans lesquelles les employés avaient quitté leurs fonctions et de leur situation actuelle.

Supposez le cas d'un employé municipal qui a quitté l'Administration dès qu'il a eu strictement le droit de s'en aller. Cet employé ne s'est pas préoccupé de savoir si la guerre ou la liquidation de la guerre rendait sa présence nécessaire ; il est parti au moment ou il se croyait encore capable de trouver une situation dans une autre Administration ou une autre Société. Cet employé a son titre de rente de la Ville ; il gagne, dans la Société où il est allé au lendemain de sa mise à la retraite, 4 ou 5.000 francs. Puis-je demander aux contribuables de donner à cet employé un supplément de pension, alors qu'il a quitté les services publics pour aller augmenter ses revenus autre part ? C'est pour ces raisons que j'ai fixé un minimum. Ce minimum je l'ai fixé, d'accord avec M. Leroudier à 2.900 francs.

Mais vraiment, je n'ai aucune raison de demander aux contribuables de faire des sacrifices pour améliorer la situation d'un homme quit a déjà une retraite et qui, d'autre part, occupe un emploi lucratif. Je pourrais vous citer un certain nombre d'anciens employés de la Ville qui sont dans ce cas. Certains même sont au service de collectivités. Serait-il moral d'accorder à cette catégorie de retraités un supplément de pension ? Je ne l'ai pas pensé.

M. Calzan : Ce n'est pas immoral de travailler. L'Etat n'a pas considéré cela comme immoral.

M. le Maire : L'Etat a des facilités que je n'ai pas ; il imprime les billets de banque. Ceux qui dirigent l'Etat cherchent quelquefois les solutions les plus faciles. Moi, je balaye devant ma porte, et je demande que chacun en fasse autant. Mon devoir est de défendre l'intérêt des contribuables. Regardez, Messieurs, quelle est la situation d'un vieillard appartenant à la classe moyenne. Il a fait des économies durant toute une vie de travail, et ces économies, ils les a placées en rentes 3 0/0. Il a subi, depuis la guerre, comme tout le monde, les conséquences de la dépréciation du franc. Ses impôts ont été augmentés. Il ne peut plus subsister avec son revenu de 1.500 ou 2.000 francs qu'il avait jugé suffisant pour vivre avant la guerre. De plus, ses titres de rente sont aussi dépréciés. Fait-on appel au crédit de l'Etat en faveur de cette catégorie de personnes ? Croyez, Messieurs, que j'ai cherché une solution d'équité et que les termes de ma proposition ont été sérieusement médités. Nous voulons donner quelques facilités à nos anciens employés, mais nous voulons éviter les excès et les abus. Si beaucoup d'employés se sont mis, pendant la guerre, à la disposition de la Ville, et m'ont promis de rester à leur poste tant que leurs forces le leur permettraient, d'autres ont pu faire des calculs et trouver plus avantageux pour eux de quitter l'Administration dès qu'on leur a proposé ailleurs une situation.

M. Calzan : Puisque nous ne sommes pas d'accord sur les principes, je voudrais insister, Monsieur le Maire, sur le relèvement du chiffre de 2.900 francs proposé par M. Leroudier. Je vais prendre un exemple qui, je l'espère, vous prouvera combien ma thèse est juste. Supposez un ancien employé de la Ville auquel vous avez donné, conformément au règlement de la Caisse de Retraites, une pension de 1.200 francs. Avec la majoration prévue par le projet qui nous est soumis, sa retraite atteindra 2.175 francs. Pourquoi ne pas admettre que cet ancien employé puisse, en travaillant, gagner 300 francs par mois, étant donné que les 2.175 francs qu'il recevra de la Ville ne lui permettront pas de vivre ? Si ce retraité gagne 3.600 francs par an, il n'aura pas droit à un supplément de pension. C'est bien ainsi, Monsieur le Maire, qu'il faut interpréter la proposition contenue dans le titre III de votre rapport?

M. le Maire : Oui.

M. Calzan : Je ne trouve pas cette proposition équitable. Rapprochons de cet exemple celui d'un retraité titulaire d'une pension de 6.000 francs. Par le jeu des majorations, ce retraité va toucher 8.325 francs. Je ne proteste pas contre le montant de cette pension. Cette somme est nécessaire pour permettre même à une seule personne de vivre dignement pendant une année. Mais cette somme est bien supérieure au cumul des ressources du petit retraité qui est obligé de travailler pour vivre. Même si le maximum de traitement permettant de percevoir le supplément de pension était porté à 3.600 francs, comme je le demande, notre retraité toucherait, traitement, pension et supplément de pension compris, 5.775 francs.

D'un côté, cependant, nous avons un homme qui travaille, et de l'autre un homme qui se repose. Vous donnez plus à celui qui se repose qu'à celui qui travaille. Nous sommes pourtant à une époque qui réclame un effort de tout le monde. Vous accordez de plus grands avantages à ceux qui ne font rien. Vous allez, par votre mesure, inciter des retraités à quitter leurs petits emplois, où ils gagnent une dizaine de francs par jour, afin de ne pas perdre le bénéfice des majorations de pension, ou bien, ce qui est aussi grave, à accepter des salaires inférieurs pour pouvoir continuer à toucher le bénéfice de leur supplément de pension. Je vous demande, Monsieur le Maire, d'accepter que soit porté à 3.600 francs le traitement au-dessous duquel les suppléments de pensions pourront être accordés.

M. le Maire : Lorsque j'ai discuté avec les employés retraités, je

les ai prévenus et ils ont accepté qu'il n'y aurait pas de marchandage.
M. le Rapporteur m'a demandé d'accepter 2.900 francs.

M. Calzan : Quels sont les éléments qui l'ont déterminé à fixer ce chiffre ?

M. le Maire : Un calcul que nous avons fait ensemble.
On me proposait 3.000 francs. J'ai fait des réserves sur ce chiffre. Après des calculs nous sommes arrivés à trouver que le taux de 2.900 francs pouvait être légitime.

Je prie le Conseil municipal de s'en tenir à ce chiffre, qui me paraît parfaitement raisonnable.

Nous devons donner au public l'impression que nous ne distribuons pas les fonds municipaux avec générosité, sans mérites.

Si je demande à l'Assemblée de faire un gros effort en faveur du personnel municipal, en maintenant quelques réserves, c'est pour ne pas aller au delà de la justice. Je m'en tiens aux conclusions de M. le Rapporteur, que je mets aux voix.

(Adopté.)

Séance du 23 Octobre 1922

Revision des secours annuels et renouvelables
accordés aux anciens employés ou à leurs veuves
(Commission générale). — N° **2.529.**

Meesieurs, en même temps que vous accordiez des suppléments de pension aux anciens employés municipaux, titulaires d'une pension de la Caisse des Retraites municipale, et apportiez des améliorations au régime des retraites des employés municipaux tributaires de la C. N. R., vous avez, par votre délibération du 19 Juin dernier, décidé dans un esprit d'équité, que les secours annuels et renouvelables accordés aux anciens employés municipaux, ou à leurs veuves, à qui les avantages ci-dessus indiqués ne peuvent être attribués, feraient l'objet d'une revision dont les résultats vous seraient soumis prochainement.

Conformément à votre décision, il a été procédé à cette revision. Celle-ci m'a amené à faire les propositions suivantes, que j'ai l'honneur de vous soumettre avec la liste des anciens employés municipaux ou de leurs veuves, bénéficiaires de secours annuels et renouvelables.

Ceux-ci peuvent être divisés en quatre catégories, savoir :

Première catégorie. . — Bénéficiaires de secours annuels et renouvelables sans particularité.

Deuxième catégorie. — Bénéficiaires de secours annuels et renouvelables attribués par application de la loi sur les accidents du travail.

Troisième catégorie. — Bénéficiaires de secours viagers.

Quatrième catégorie. — Bénéficiaires de secours annuels et renouvelables et d'une pension de la Caisse municipale des Retraites, augmentée d'un supplément accordé en vertu de votre délibération sus-indiquée.

En ce qui concerne les secourus de cette dernière catégorie, dont la situation vient d'être améliorée, je vous propose, Messieurs, de supprimer les secours annuels et renouvelables dont ils étaient bénéficiaires, sauf le cas où leur nouveau supplément de pension n'équivaudrait pas aux suppléments de pension et secours dont ils jouissaient antérieurement.

Il en est ainsi notamment de M. Baborier et de Mme Jannin, en faveur desquels je vous demande le maintien d'un secours annuel et renouvelable qui leur assurera une situation équivalente à celle qui leur avait été faite précédemment .

Quant aux secourus des deuxième et troisième catégories, bénéficiaires d'un secours annuel et renouvelable ou viager, par application de la loi sur les accidents du travail, la question se pose de savoir si vous entendez leur étendre le bénéfice de la loi du 15 Juillet 1922, attribuant des allocations temporaires en faveur de certaines catégories de rentes au titre de la loi du 9 Avril 1898 sur les accidents du travail, ou si, au contraire, vous désirez qu'il leur soit appliqué le régime que vous fixerez en faveur des secourus de la première catégorie.

Il vous appartient, Messieurs, de vous prononcer sur ce point.

Il semblerait toutefois que, puisqu'au moment où ils ont dû quitter l'Administration, la loi sur les accidents du travail leur a été appliquée, il y ait lieu d'en continuer l'application.

Restent les secourus de la première catégorie, qui de beaucoup, sont les plus nombreux.

A leur égard, j'ai l'honneur de vous soumettre les propositions suivantes, qui, tout en ménageant les ressources de la Ville, amélio-reraient sensiblement, dans bien des cas, la situation des vieux serviteurs de l'Administration municipale, ou de leurs veuves, que le grand âge ou l'état de santé a privés des moyens de subvenir à leur existence.

Un secours maximum de 1.200 francs serait attribué à tous les anciens employés ayant accompli trente ans ou plus de trente ans de services.

Les autres, qui compteraient moins de trente ans de services, auraient un secours calculé à raison d'un trentième de ce maximum (1.200 francs) par année de service.

Quant aux veuves d'employés, elles bénéficieraient d'un secours calculé sur la moitié de celui auquel pourrait prétendre leur mari.

Toutefois, les secours accordés qui seraient supérieurs à ceux qui résulteraient de l'application de ces nouvelles dispositions, seraient maintenus à leur chiffre antérieur.

L'allocation ainsi accordée par la Ville serait complètement indépendante de la rente servie à la plupart des intéressés par la Caisse Nationale des Retraites.

Si vous approuvez ces dispositions, qui ont été acceptées par le Syndicat des travailleurs municipaux, leur application partirait du 1er Juillet 1922. La dépense supplémentaire annuelle qui en résulterait et dont le montant est susceptible de décroître chaque année, peut être évaluée approximativement à la somme de 35.000 francs, soit 17.500 francs pour l'année 1922, qui seraient prélevés sur le crédit des « Pensions et secours à la charge de la Ville. »

Ces secours continueront à être mandatés trimestriellement et jusqu'à nouvel ordre, l'Administration restant juge selon la situation des intéressés, de leur réduction, et même de leur suppression.

Lyon, le 10 Octobre 1922.

Pour le Maire de Lyon absent :
Le 1er adjoint faisant fonctions,
Emmanuel LÉVY.

* *

Une délibération récente du Conseil Municipal (19 Novembre 1923) élève les suppléments de pension accordés par la délibération du 19 Juin 1922, « de façon que les pensions, majorées des supplé-ments de pension atteignent les minima suivants :

1° De 1.500 francs par an pour les pensions accordées aux retraités de la Ville titulaires d'une pension d'ancienneté, c'est-à-dire acquise à 30 ou plus de 30 ans de services ;

2° De 750 francs par an pour les pensions accordées aux veuves et orphelins des retraités de la Ville qui étaient titulaires d'une pension d'ancienneté.

Ces minima sont attribués aux titulaires de pensions proportionnelles, mais à raison d'un trentième par année de service accomplie.

Sont exclus de ces avantages : 1° les retraités qui travaillent et dont le salaire annuel est supérieur à 2.900 francs ; 2° les titulaires de pensions liquidées postérieurement au 30 Juin 1919, à l'exception des réversibilités sur des pensions liquidées avant cette date ; 3° les retraités du Bureau de bienfaisance, leurs veuves et leurs orphelins ; 4° les veuves et orphelins d'employés municipaux bénéficiant ou pouvant bénéficier des majorations accordées par l'Etat en vertu de la loi du 25 Mars 1920.

Séance du 18 Décembre 1922

Caisse de Retraites des Employés de l'Administration municipale. — Modification du Règlement. Observations ministérielles.

RAPPORT DE M. LE MAIRE

Messieurs, par une délibération du 19 Juin dernier, vous avez proposé d'apporter diverses modifications au règlement de la Caisse des Retraites des Employés municipaux, notamment en vue de faire participer à cette Caisse les catégories de personnel qui étaient précédemment tributaires de la Caisse Nationale des Retraites pour la Vieillesse.

Je viens d'être informé, par M. le Préfet du Rhône, que ce projet a donné lieu, de la part de M. le Ministre des Finances, aux observations suivantes :

Art. 7. — Il avait été inséré dans cet article une disposition accordant le droit à pension proportionnelle, après dix ans de service et sans condition d'âge, pour cause « d'invalidité même « partielle résultant de l'exercice des fonctions ».

M. le Ministre déclare qu'il ne lui est pas possible d'admettre cette rédaction ; il fait remarquer que la loi du 21 Octobre 1919, visant le régime des retraites des ouvriers des établissements industriels d'Etat. n'autorise la liquidation d'une pension *qu'après quinze ans de services* et dans le cas d'invalidité absolue.

M. le Ministre fait, en outre, remarquer que « les dispositions de « l'art. 7 qui figuraient déjà dans le règlement annexé du 9 Février « 1914. ne peuvent être modifiées qu'en vue de mettre le paragraphe « 2° d'accord avec la jurisprudence, en exigeant quinze ans de « services pour l'obtention d'une pension d'invalidité et cinquante- « cinq ans d'âge, pour la liquidation de la pension accordée pour « cause de suppression d'emploi ».

Je ne puis vous proposer d'entrer dans cette voie, qui constituerait un abandon des avantages du règlement actuel, déjà acquis. Il est donc préférable de renoncer purement et simplement à l'adjonction proposée et de maintenir la rédaction de l'art. 7, telle qu'elle figure dans le règlement en vigueur.

Art. 28. — Vous avez demandé, dans cet article, que le paiement des pensions et suppléments de pension bénévolement accordés aux anciens employés municipaux, par des délibérations approuvées, pût être fait par la Caisse des Retraites, à la condition que la Ville verse préalablement à cette Caisse les sommes nécessaires à ce paiement.

M. le Ministre n'est pas d'avis d'approuver ce nouvel article, par ce seul motif qu'il aurait pour conséquence de faire payer par la Caisse Municipale des Retraites des pensions accordées dans d'autres conditions que celles qui ont été déterminées par le règlement de cette Caisse.

Mais il ne s'agit pas de modifier les conditions d'attribution des pensions. La mesure proposée a seulement pour objet d'instaurer un procédé de comptabilité permettant de payer sans difficulté, et plus facilement que cela se pratique aujourd'hui, ces pensions et suppléments, lesquels, du fait de leur approbation, sont devenus pour la Ville des dépenses obligatoires. C'est surtout pour les pensions payables au dehors que ce procédé présenterait des avantages.

La Caisse n'interviendrait, en somme, que comme un organisme de paiement, sans que ce mode d'opérer donne aux employés-bénéficiaires d'autres droits que ceux résultant de la délibération prise en leur faveur.

D'ailleurs, cette mesure ne constituait pas une innovation. Le décret du 1er Décembre 1906, qui supprima la Caisse des Retraites des Employés de l'Octroi, contient des dispositions permettant aux pensionnaires de cette Caisse d'être payés par la Caisse des Retraites des Employés municipaux, tout en conservant leur régime de retraite.

Il y a analogie de situation .Je vous propose donc, Messieurs, de demander à M. le Ministre de vouloir bien faire procéder à un nouvel examen de la question avant de rejeter définitivemnt l'art. 28.

Art. 17 à 19. — Ces trois articles traitent des droits des veuves à la réversion d'une partie de la pension de leur mari.

M. le Ministre estime que, « puisque le Conseil municipal propose « de modifier les statuts de la Caisse Municipale des Retraites, il « paraîtrait opportun de saisir cette occasion pour mettre l'article « 18 en harmonie avec la jurisprudence actuellement en vigueur.

« La Commission juridique des retraites ouvrières et paysannes « s'est en effet, prononcée en faveur du maintien du droit à « pension au profit de la femme ayant obtenu le divorce ou la « séparation de corps aux torts de son mari.

« Toutefois, les statuts doivent être complétés en prévoyant que, « dans le cas de remariage du fonctionnaire, la réversion s'effec- « tuerait entre la femme divorcée et la veuve, proportionnellement « à la durée du mariage de chacune d'elles, pendant la durée de la « fonction de l'employé prédécédé.

« Le même principe serait appliqué au cas de plusieurs divorces « successifs.

« Ce règlement pourrait décider que la femme divorcée « contractant un nouveau mariage perdrait son droit à pension, « surtout si le nouveau mariage avait lieu avant que la femme « divorcée n'ait acquis le droit effectif à la liquidation de sa pension. »

A première vue, les suggestions de M. le Ministre m'avaient paru acceptables.

Mais un examen plus approfondi de la question m'a permis de me rendre compte que, dans certains cas, les veuves de nos employés auraient singulièrement à souffrir de l'application du système préconisé.

. Le règlement en vigueur de la Caisse des Retraites prévoit, en effet, comme vous le savez, la réversion au profit de la veuve de la *moitié* de la pension dont jouissait le mari ou de celle à laquelle il aurait pu prétendre.

Or, si la procédure ministérielle était suivie, il pourrait arriver que la part de la veuve fût considérablement réduite et n'atteignît même pas le cinquième de la fraction qui lui revient actuellement.

Il ne me paraît pas possible d'envisager un pareil amoindrissement des droits de la veuve qui a assisté son mari à ses derniers moments, et d'abolir une tradition fortement établie.

La formule ministérielle ne résoudrait pas, d'ailleurs, une question excessivement complexe, qui touche non seulement aux droits de la veuve, mais à ceux des enfants. On ne saurait, d'autre part, donner à la mesure son plein effet qu'en la faisant rétroagir, ce qui léserait des droits acquis.

Pour ces divers motifs, la Commission que j'ai instituée pour la revision du régime des retraites, sans méconnaître l'intérêt de la question, a été unanimement d'avis qu'elle ne pouvait être résolue dans le sens indiqué.

Je partage cet avis et vous propose de maintenir le *statu quo*, en ce qui concerne les art. 17 à 19 du règlement.

Toutefois, je serais certainement l'interprète de vos sentiments en faisant connaître à M. le Ministre que, le cas échéant, nous ne resterions pas indifférents à toute situation de femmes divorcées, réellement dignes d'intérêt.

Je profite également de l'occasion pour vous demander d'introduire dans la délibération, dont vous trouverez le texte ci-joint, une disposition concernant les employés récemment titularisés qui doivent bénéficier du nouveau règlement. Ceux de ces employés appartenant à des catégories participant à la Caisse Nationale de Retraites pour la Vieillesse ont subi les retenues réglementaires pour cette Caisse, mais ces retenues, de même que la participation de la Ville dans les retraites, n'ont pas encore été versées, ce versement ne s'effectuant que tous les semestres, courant Juin et Décembre.

Je vous propose, d'accord avec les représentants des intéressés, de surseoir à ce versement jusqu'à l'approbation du nouveau règlement. A ce moment-là, les retenues, complétées aux chiffres réglementaires, seront versées à la Caisse Municipale, sauf pour ceux (s'il en existe) qui se refuseraient à participer à cette Caisse.

De cette façon, on évitera d'établir des livrets de la Caisse Nationale pour des employés qui ne doivent y participer que pendant quelques mois, et dont les versements ne produiraient que des rentes presque insignifiantes.

Enfin, je vous prie également de compléter l'art. 19 de la façon suivante :

« La pension de la veuve est de la moitié de celle dont jouissait « le mari ou à laquelle il aurait pu prétendre. Elle ne peut être « inférieure à 400 francs par an, *s'il s'agit toutefois d'une pension* « *d'ancienneté.* »

Il est nécessaire d'introduire ce correctif dans le texte de l'article, en raison de la modicité de la pension proportionnelle dont la veuve peut avoir à demander la réversibilité.

Lyon, le 20 Novembre, 1922.

Le Maire de Lyon,
Edouard Herriot.

Le Conseil, sur la proposition de M. Sallès, en remplacement de M. Biennier, rapporteur de la Commission générale, adopte les conclusions du rapport de M. le Maire.

* *
*

Paris, le 28 Avril 1923.

Le Ministre de l'Intérieur
a Monsieur le Préfet du Rhône,

Comme suite à ma dépêche du 10 Octobre, vous faisant connaître les observations que M. le Ministre des Finances avait formulées après examen du règlement de la Caisse municipale des retraites de Lyon, vous m'avez adressé une délibération du 18 Décembre, par laquelle le Conseil municipal de cette Ville *refusait* (1) d'apporter au statut les rectifications demandées par mon Collègue.

______

(1) Souligné par nous dans le texte.

Saisi à nouveau de l'affaire, M. le Ministre des Finances m'a adressé la dépêche suivante :

« J'ai l'honneur de vous informer qu'il me paraît nécessaire,
« à l'occasion des modifications proposées par le Conseil municipal,
« de mettre le règlement d'accord avec la jurisprudence en vigueur.
« Je ne puis donc que maintenir les observations que j'ai eu
« l'honneur de vous présenter dans ma dépêche précitée du 26
« Septembre en ce qui concerne l'art. 7. Toutefois, je ne m'oppose
« pas à ce qu'il soit stipulé, *conformément à votre proposition* (2),
« que les nouvelles dispositions ne seront pas applicables aux
« *employés actuellement en fonctions* (3).
« Quant au nouvel Art. 28, je ne verrais pas d'inconvénients
« à l'accepter s'il était simplement question de faire payer, par
« l'intermédiaire de la Caisse de retraites, des pensions concédées
« en vertu de statuts régulièrement approuvés par décret. Mais dès
« qu'il s'agit de « pensions et suppléments de pensions bénévole-
« ment accordés par le Conseil municipal », c'est-à-dire en dehors
« des règles ordinaires, il me paraît préférable de ne pas viser leur
« mode de paiement dans le règlement qui nous est actuellement
« soumis. »

J'estime que la transaction proposée par mon département et acceptée par M. le Ministre des Finances permet au Conseil municipal de mettre le règlement en harmonie avec la jurisprudence actuelle, sans porter aucun préjudice aux employés en fonctions avant la notification du décret d'approbation à intervenir.

La même réserve pouvant être stipulée en faveur des veuves actuellement titulaires d'une pension communale, j'estime également que le Conseil municipal pourrait modifier l'article 18 dans le sens indiqué par ma dépêche du 10 octobre, en observant d'ailleurs que je n'ai fait à cette date, que vous communiquer les propositions de la Commission juridique des Retraites ouvrières, lesquelles n'ont que la valeur de suggestions. Je ne verrais dès lors

---

(2) et (3) Soulignés par nous dans le texte.

aucun inconvénient à ce que l'Assemblée communale, tout en respectant le principe posé par la Commission, établisse une discrémination entre la femme divorcée et la veuve, de façon à récompenser la femme qui a assisté l'employé à ces derniers moments.

Des dispositions spéciales pourraient également être édictées en faveur des enfants, mais, je crois, à ce point de vue, que l'égalité de traitement répondrait le mieux à l'équité.

Je vous prie, en conséquence, d'inviter la municipalité à examiner de nouveau cette affaire et je vous renvoie ci-joint les *six exemplaires* des statuts que vous m'avez adressés.

Pour le Ministre,

Le Conseiller d'Etat, Directeur,

Signé : LABUSSIÈRE.

Pour copie conforme :

Le Conseiller de Préfecture,

Signé : LECLERC.

Séance du 4 Juin 1923

Règlement de la Caisse des Retraites des Employés de l'Administration municipale.
Nouvelles observations ministérielles.

RAPPORT DE M. LE MAIRE

Messieurs, le nouveau règlement de la Caisse des Retraites des Employés de l'Administration municipale que vous avez approuvé dans votre séance du 10 Juin 1922, a donné lieu à de nouvelles observations de M. le Ministre des Finances.

De précédentes observations vous avaient déjà été soumises. Vous en aviez tenu compte dans une certaine mesure, en maintenant, toutefois, sur certains points, votre manière de voir.

M. le Ministre insiste pour que le texte du nouveau règlement soit mis en harmonie avec la législation en vigueur.

Il demande, à cet effet :

1° Que la pension d'invalidité ne soit accordée qu'après 15 ans de services et qu'il ne soit procédé à la liquidation de la pension pour cause de suppression d'emploi qu'à 55 ans d'âge ;

2° Que la femme divorcée ou séparée de corps, aux torts de son mari, conserve son droit à pension, la réversion devant, le cas échéant, être effectuée entre la veuve et la femme divorcée proportionnellement à la durée du mariage de chacune d'elles.

Cependant, à titre transactionnel, M. le Ministre ne s'oppose pas à ce que ces nouvelles dispositions ne soient pas applicables aux employés actuellement en fonctions et aux veuves déjà titulaires d'une pension. Il admet également qu'un sort plus favorable pourra être réservé à la femme qui a assisté l'employé à ses derniers moments.

En ce qui concerne, d'autre part, l'article 28, j'avais pensé qu'il serait possible, dans un intérêt de simplification, de faire payer les suppléments de pension en même temps que les pensions elles-mêmes par la Caisse des Dépôts et Consignations.

. Mais, cette procédure soulevant des objections, je ne m'y attache pas davantage.

En résumé, et pour aboutir, je vous propose, Messsieurs, de satisfaire aux nouvelles observations ministérielles.

En conséquence, les articles qui en ont fait l'objet seraient libellés conformément au projet de délibération ci-annexé.

Lyon, le 4 Juin 1923.

Le Maire de Lyon,

Edouard HERRIOT.

Le Conseil, sur la proposition de M. BIENNIER, rapporteur de la Commission générale, adopte les conclusions du rapport de M. le Maire

RÈGLEMENT

DE LA

CAISSE DES RETRAITES

DU PERSONNEL

DE L'ADMINISTRATION MUNICIPALE DE LYON

Décret du 9 février 1914

Le Président de la République Française,

Sur la proposition du Ministre du Travail et de la Prévoyance Sociale, du Ministre des Finances et du Ministre de l'Intérieur ;

Vu la loi sur les retraites ouvrières et paysannes et notamment les paragraphes 3 et 4 de ladite loi ;

Les délibérations du Conseil municipal de Lyon. en date des 24 avril 1911, 1er juillet 1912 et 23 juin 1913 ;

Les propositions du Préfet du Rhône et les autres pièces de l'affaire ;

DÉCRÈTE :

ARTICLE PREMIER. — Est autorisé, sous les conditions fixées dans les articles ci-après, le maintien à Lyon. d'une Caisse de Retraites en faveur des salariés communaux, qui sera régie conformément aux statuts ci-annexés.

En conséquence, les bénéficiaires de ladite Caisse sont soustraits au régime de la loi du 5 avril 1910.

ART. 2. — Les bénéficiaires de la Caisse quittant, pour un motif quelconque, même par suite de démission ou de destitution, le service de la commune ou du Bureau de Bienfaisance, sans avoir acquis des droits à pension, ont droit, pour la période de temps pendant laquelle leur traitement annuel n'a pas excédé 3.000 fr., à la liquidation à leur profit d'une réserve mathématique égale à celle qu'ils auraient acquise s'ils avaient été placés sous le régime de la loi sur les retraites ouvrières et paysannes depuis le 3 juillet 1911 ou depuis leur entrée au service de la commune ou du Bureau de Bienfaisance, si celle-ci est postérieure à cette date.

La réserve mathématique, imputée sur les fonds du budget communal ou du Bureau de Bienfaisance, représente la somme qu'eût produite, pendant la période indiquée au paragraphe précédent, la capitalisation des versements obligatoires annuels prévus par le troisième alinéa de l'article 2 de la loi sur les retraites ouvrières et paysannes, augmentés des contributions patronales correspondantes.

Elle est calculée d'après les tarifs de la Caisse Nationale des Retraites pour la vieillesse en vigueur au moment où le salarié quitte le service de la commune ou du Bureau de Bienfaisance et en supposant que les versements des intéressés et les contributions de la commune ou du Bureau de Bienfaisance ont été effectués à capital aliéné. Le capital ainsi constitué sera versé à la Caisse Nationale des retraites pour la vieillesse, au compte ouvert au nom de l'intéressé à la section spéciale relative aux opérations afférentes à la loi du 5 avril 1910.

ART 3. — La situation financière de la Caisse des Retraites devra être soumise tous les cinq ans au Ministère de l'Intérieur.

ART. 4. — Les Ministres du Travail et de la Prévoyance Sociale, des Finances et de l'Intérieur sont chargés, chacun en ce qui le concerne. de l'exécution du présent décret, qui sera publié au *Journal Officiel.*

Fait à Paris, le 9 février 1914.

Signé : R. POINCARÉ.

Par le Président de la République :

Le Ministre de l'Intérieur,
Signé : René RENOULT.

Le Ministre des Finances,
Signé : J. CAILLAUX.
Le Ministre du Travail et de la Prévoyance Sociale,
Signé : A. MÉTIN.
Pour ampliation :
Le Sous-Directeur, chef du Bureau du Cabinet,
Signé : TABARAUT.
Pour copie conforme :
Le Conseiller de Préfecture délégué,
Signé : CURTY.

RÉGLEMENT

ARTICLE PREMIER. — La Caisse des Retraites instituée par l'ordonnance du 15 mars 1845, en faveur des fonctionnaires, employés et agents de l'Administration municipale de Lyon, sera régie conformément aux dispositions suivantes :

ART. 2. — Le personnel obligatoirement tributaire de cette Caisse comprend tous les employés et ouvriers titulaires recevant un traitement ou un salaire annuel de la Ville ou du Bureau de Bienfaisance à l'exception : 1° Des employés de l'Etat détachés dans un service municipal et qui subissent des retenues pour les pensions civiles ; 2° Des sapeurs-pompiers ou autres employés des services municipaux pour lesquels existent des régimes spéciaux de retraites.

ART. 3. — Les revenus de la Caisse se composent :

1° Du produit des dons et legs qui pourront lui être attribués ;

2° Du produit des rentes sur l'Etat provenant des placements faits ou à faire ;

3° D'une retenue de 7 o/o prélevée sur les traitements du personnel tributaire de la Caisse ;

4° De la retenue du premier mois d'appointements des employés nouvellement admis dans ce personnel (le versement de cette somme pourra, sur la demande écrite de l'intéressé, être répartie sur une période de douze mois au plus) ;

5° De la retenue du premier douzième de toutes les augmentations de traitement obtenues soit dans les mêmes fonctions, soit par suite d'avancement ;

6° Des retenues pour congé et de celles infligées par mesure disciplinaire ;

7° Des reliquats disponibles en fin d'exercice sur les crédits affectés spécialement aux traitements du personnel tributaire de la Caisse ;

8° D'une allocation de la Ville et du Bureau de Bienfaisance égale aux retenues effectuées sur les traitements des employés, par application des § 3° et 4° ci-dessus (Décret du 23 juillet 1918) ;

9° De la part attribuée à la Ville dans le produit des amendes et confiscations en matière d'octroi ;

10° D'une subvention de la Ville égale au montant des pensions des anciens retraités de l'octroi au 1er janvier de chaque année (Décret du 23 juillet 1918) ;

11° Des sommes provenant des versements à capital réservé à son profit par la Ville à la Caisse Nationale des Retraites pour la vieillesse, en faveur des employés et ouvriers admis à participer à la présente Caisse.

Art. 4. — Les retenues à opérer en vertu de l'article 3 § 3 à 5 ci-dessus ne s'exercent pas sur la partie du traitement supérieure à 15.000 francs. Le Receveur municipal et celui du Bureau de Bienfaisance ne supportent les retenues que sur les trois quarts de leur traitement, le maximum ci-dessus leur étant applicable.

La limite des trois quarts ne s'applique pas au Receveur actuel du Bureau de Bienfaisance qui ne pourra, toutefois, subir les retenues au-delà de 15.000 francs.

Art. 5. — Les retenues exercées sur les traitements en vertu des paragraphes 3 et 6 de l'article 3 sont irrévocablement acquises à la Caisse de retraites, et ne pourront être restituées pour quelque cause que ce soit.

Art. 6. — Le montant des retenues continuera d'être exercé à chaque paiement de traitement, par les Receveurs de la Ville ou du Bureau de Bienfaisance, sur les mandats du Maire ou de l'ordonnateur de ce bureau, et sera immédiatement versé à la Caisse des Dépôts et Consignations.

Seront employés en achats de rentes tous les excédents, quelque soit leur origine, que présenteront en fin d'exercice les comptes de la Caisse des retraites.

Art. 7. — Le droit à pension est acquis :

1° A titre d'ancienneté, après trente ans révolus de services effectifs et 55 ans d'âge ;

2° Après quinze ans de services et de versements dans l'Administration municipale et sans condition d'âge pour cause de suppression d'emploi ou d'invalidité absolue de l'employé ;

La pension accordée pour cause de suppression d'emploi ne sera liquidée qu'à cinquante cinq ans d'âge révolus.

3° Sans condition d'âge ni de durée de services, en cas d'accident résultant notoirement de l'exercice des fonctions et mettant l'employé hors d'état de les continuer.

Art. 8. — Les services civils compteront de l'âge de 21 ans, et les services militaires à dater de l'âge où la loi permet de contracter un engagement volontaire.

Art. 9. — Les services militaires, les services civils rendus dans les administrations publiques et rétribués sur les fonds de l'Etat, des départements, des communes ou sur les fonds d'abonnement ou de remises ; les services rendus dans les Hospices et Bureaux de Bienfaisance en qualité d'économe ou de receveur, seront admis dans la liquidation des pensions concédées par la présente Caisse, mais seulement pour une durée maximum de cinq ans.

Les employés qui voudront se prévaloir de cette disposition devront être, depuis quinze ans au moins, tributaires de ladite Caisse ; ils devront justifier, lorsqu'il s'agit de services civils, qu'ils ont subi, dans les administrations dont ils faisaient partie, les retenues réglementaires au profit d'une Caisse de retraites.

Dans le cas où les services étrangers à l'Administration municipale seraient déjà récompensés par une pension, ils ne pourraient servir qu'à constituer le droit à la nouvelle pension, sans toutefois entrer dans le calcul de cette dernière ; ils seront alors comptés pour leur durée effective et intégrale.

La disposition relative à la durée maximum de cinq ans, concernant l'admission des services antérieurs, ne sera appliquée qu'aux agents entrés en fonctions depuis le 17 octobre 1897 ; les précédents participants continueront à bénéficier des dispositions antérieures relatives aux services militaires et aux services rendus dans les administrations publiques ci-dessus désignées.

Pour la liquidation de la pension des anciens employés de l'octroi admis, lors de la suppression de ce service, à participer à la Caisse des retraites des employés de l'Administration municipale, il sera exceptionnellement tenu compte du temps effectif de leurs services militaires, s'il y a lieu, et de la durée intégrale de leurs services dans l'octroi, moins la bonification du cinquième, qui était admise par la Caisse de retraites des employés de l'octroi.

Art. 10. — Lorsque, par suite de changement de service ou de promotion, un employé soumis à un autre régime de retraite passe dans une catégorie de personnel participant à la présente Caisse, la durée totale de ses services est réunie pour constituer le droit à sa pension, tel qu'il résulte de l'article 7 ci-dessus, mais seuls les services ayant donné lieu à des versements à cette Caisse, ainsi que ceux antérieurs mentionnés à l'article 9, entreront dans le calcul de la liquidation de sa pension.

Cette pension ne pourra, du reste, être accordée que si l'employé justifie de quinze années de versements à la Caisse municipale, sauf dans le cas prévu au dernier paragraphe de l'article 7.

Art. 11. — Pour déterminer le chiffre de la pension d'un

employé, ilest fait une moyenne des traitements fixes dont le titulaire a bénéficié pendant ses trois dernières années de services. Les gratifications, indemnités ou allocations supplémentaires ne seront pas ajoutées à ces traitements.

La pension accordée à 30 ans de service, est égale aux 2/3 (deux tiers) de cette moyenne ; elle s'accroît pour chaque année de service au-desus de 30 ans : 1° de 1/30 (un trentième) de ces deux tiers jusqu'à 55 ans d'âge ; 2° de 1/45 (un quarante cinquième) de ces deux tiers au-dessus de cinquante cinq ans d'âge. Ellene peut excéder les trois quarts du dernier traitement. La pension accordée avant 30 ans de service, sauf le cas prévu à l'article 12, est liquidée pour chaque année de service à raison de 1/45 (un quarante cinquième) du traitement moyen des trois dernières années de service ; elle ne peut être inférieure au sixième du dernier traitement.

Si l'employé admis à la retraite remplissait à ce moment des fonctions distinctes d'origine, de dates différentes. et rétribuées séparément, il sera procédé à une liquidation spéciale des droits résultant de chacune de ses fonctions.

La liquidation correspondant à la fonction principale sera établie d'après les conditions ci-dessus, et bénéficiera seule de l'adjonction des services antérieurs stipulés à l'article 9. La liquidation des droits résultant des autres fonctions sera faite d'après la durée effective de ces dernières, quelle que soit cette durée, à raison de 1/45 du traitement moyen des trois dernières années de services. La pension accordée résultera de la réunion des liquidations séparées ; elle ne pourra excéder le maximum indiqué ci-dessus.

ART. 12. — Tout employé qui aura été mis hors d'état de continuer son service, soit par suite d'un acte de dévouement dans un intérêt public, soit en exposant ses jours pour sauver la vie d'un concitoyen, soit enfin par suite de lutte ou de combat soutenu dans l'exercice de ses fonctions, aura droit à une pension égale aux deux tiers de son dernier traitement, quels que soient son âge et la durée de ses services.

ART. 13. — Les liquidations sont établies sur le nombre effectif des années, mois et jours salariés, mais les fractions de francs sont négligées au profit de la Caisse des retraites.

ART. 14. — Perd ses droits à pension tout employé démissionnaire ou révoqué de ses fonctions par mesure disciplinaire. Cependant, s'il est remis en activité, le temps de ses premiers services lui sera compté pour la liquidation ultérieure de sa pension.

Art. 15. — Le droit à l'obtention ou à la jouissance d'une pension est suspendu par les circonstances qui font perdre la qualité de Français, durant la privation de cette qualité.

La liquidation ou le rétablissement de la pension ne donnera lieu à aucun rappel pour les arrérages antérieurs.

Art. 16. — Lorsqu'un employé admis à la retraite avant trente ans de service pour cause d'infirmités, affections chroniques ou accidents, devient titulaire d'une fonction ou d'un emploi public quelconque rétribué, il pourra être autorisé à cumuler la pension proportionnelle qui lui a été attribuée, et le traitement de la fonction qu'il occupe jusqu'à concurrence du chiffre du traitement normal afférent au cadre auquel il appartenait avant d'être mis à la retraite. (Il faut entendre par traitement normal celui auquel l'employé peut prétendre en raison de son ancienneté effective de service). Après trente ans de services, le cumul de la pension et du traitement est autorisé dans les limites fixées par l'article 76 de la loi du 31 juillet 1920, c'est-à-dire à concurrence de 10.000 fr.; avantages en nature compris.

Les reversibilités de pensions accordées en vertu du présent règlement peuvent se cumuler, à concurrence de 10.000 fr., avec les traitements et indemnités quelconques payés aux titulaires de ces reversibilités sur le budget communal.

Toutefois, conformément à la loi ci-dessus visée du 31 juillet 1920, le cumul à ce chiffre ne sera admis qu'à partir du 1er août 1920. Avant cette date le cumul ne sera admis qu'à concurrence de 6.000 francs.

Dans la somme de 10.000 francs est comprise, le cas échéant, la valeur représentative des avantages en nature.

Les employés retraités qui ont repris du service dans l'Administration Municipale pendant la guerre ne sont pas soumis aux règles du cumul en ce qui concerne les émoluments qu'ils ont touchés à titre divers depuis le mois d'août 1914 (Décret du 23 juillet 1918).

Art. 17. — La veuve et les femmes divorcées d'un pensionnaire ou d'un employé décédé en activité, après quinze ans de services dans l'Administration municipale, auront droit à une pension dans les conditions et suivant les propositions indiquées ci-après.

Art. 18. — Pour être admise à obtenir cette pension, la veuve devra justifier :

1° Qu'elle était mariée avec l'employé cinq ans au moins avant la cessation de ses fonctions ;

2° Qu'au décès de son mari, il n'existait pas de jugement séparatif de corps ou de divorce prononcé aux torts et griefs de l'épouse ;

Les femmes divorcées devront justifier :

1° Qu'elles sont restées mariées avec l'employé au moins cinq ans durant l'exercice des fonctions de celui-ci ;

2° Que le jugement de divorce n'a pas été prononcé à leurs torts et griefs ;

3° Qu'elles n'ont pas contracté un nouveau mariage avant d'avoir acquis le droit effectif à la liquidation de leur pension.

Art 19. — La pension de la veuve qui n'est pas en concurrence avec celle des femmes divorcées, est de la moitié de celle dont jouissait son mari, ou à laquelle il aurait pu prétendre. Elle ne peut être inférieure à 400 francs par an, s'il s'agit d'une pension d'ancienneté.

S'il existe des femmes divorcées, remplissant les conditions indiquées à l'article précédent, la moitié reversible de la pension de l'employé sera répartie entre la veuve et les femmes divorcées proportionnellement à leur temps de mariage, durant l'exercice des fonctions de l'employé. Toutefois, la part de la veuve ne sera pas inférieure au 1/4 de la pension de l'employé, et les parts des femmes divorcées seront, s'il y a lieu, réduites d'autant.

Ces dernières parts feront retour à la veuve en cas de prédécès des femmes divorcées, sauf ce qui est prescrit ci-après pour les enfants.

Le cas échéant, la pension de la veuve ou des femmes divorcées sera réduite dans la proportion des droits accordés par l'article suivant aux enfants dont la mère ne peut, pour une cause quelconque, recueillir la part de pension leur revenant.

Art. 20. — Les enfants mineurs d'un pensionnaire ou d'un employé décédé en activité, après quinze ans de versements, viendront en représentation de leur mère, si celle-ci est décédée ou inhabile à recueillir la pension, ou déchue de ses droits.

S'il existe plusieurs enfants d'une même mère, leur part reversible de pension sera répartie entre eux dans une égale proportion.

Art. 21. — Les secours accordés aux enfants dans les conditions indiquées au précédent article cesseront pour chacun d'eux à leur majorité, ou à leur émancipation par le mariage.

Ces secours seront reversibles d'abord entre les enfants d'un même lit, puis proportionnellement sur la tête des enfants des autres lits ayant perdu leur mère sans qu'en aucun cas leur montant total, y compris les pensions des veuves ou femmes divorcées survivantes, puisse dépasser la moitié de la pension de l'employé.

Après l'extinction des secours aux enfants, la part de pension dont ils bénéficient fera, s'il y a lieu, retour à la veuve survivante.

Art. 22. — Les demandes en liquidation de pension sont adressées au Maire de Lyon. Elles doivent, à peine de déchéance, être présentées avec les pièces à l'appui indiquées dans la nomenclature annexée au présent règlement, dans le délai de cinq ans qui court : pour l'employé, du jour de la cessation de ses fonctions ; pour la veuve, la femme divorcée, du jour du décès de l'employé ou du pensionnaire ; pour les orphelins, du jour du décès de leur père ou de celui de leur mère.

La liquidation est faite par le Maire. La pension est proposée par lui et concédée par un arrêté du Préfet du Rhône, rendu sur l'avis du Conseil municipal.

Art. 23. — Les pensions courront au profit de l'employé admis à la retraite, à dater du jour de la cessation de son traitement d'activité, et au profit de la veuve et des enfants, du lendemain du décès de l'employé ou de la mère.

Art. 24. — Les pensions accordées aux anciens employés, à leurs veuves ou à leurs enfants, seront payées en quatre termes, de trimestre en trimestre, les 1er Janvier, 1er Avril, 1er Juillet et 1er Octobre de chaque année, par le Receveur municipal, sur les fonds qui auront été mis à sa disposition par le Directeur général de la Caisse des Dépôts et Consignations, et d'après mandats ordonnancés par le Maire.

Art. 25. — Le budget et le compte de la Caisse de retraites des employés de l'Administration municipale seront soumis, chaque année, par le Maire, au vote du Conseil municipal et à l'approbation du Préfet.

Au budget seront annexés :

1° L'état général des pensionnaires ;

2° L'état des pensions éteintes pendant l'année précédente ;

3° L'état des nouvelles pensions accordées pendant le même laps de temps. .

ART. 26. — Rien n'est changé aux pensions de retraites. précédemment concédées sur les fonds de la présente Caisse. Celles à attribuer aux employés n'ayant pas adhéré au règlement du 17 octobre 1897 seront réglées conformément au décret du 19 octobre 1868 ; celles qui pourraient être concédées aux veuves et orphelins des employés pensionnés sous le régime des décrets du 11 novembre 1842 (Octroi), et du 19 octobre 1868 (Administration municipale), continueront à être réglées conformément aux dispositions de ces deux règlements.

Dispositions transitoires

ART. 27. — Les employés participant à la Caisse Nationale des Retraites pour la vieillesse n'ayant pas dépassé l'âge de 45 ans au 1er Janvier 1922 seront admis, sur leur demande, à participer à la présente Caisse, en prenant l'engagement écrit de se conformer au règlement.

La demande devra être présentée, sous peine de forclusion, dans un délai de trois mois, à partir de l'approbation du nouveau règlement.

Les employés adhérents bénéficieront, lors de la liquidation de leur pension, d'une bonification de 50 francs par année de service à titre permanent antérieure au 1er juillet 1919 et de 30 francs par année de service comprise entre cette date et le jour où commenceront leurs versements à la présente Caisse.

Cette bonification s'ajoutera à la pension principale résultant de l'article 11 et sera réversible au profit des veuves et des orphelins dans les conditions indiquées aux articles 17 à 21 ci-dessus.

Le total de la pension ainsi obtenue, en y ajoutant les rentes acquises au moyen des versements cumulés effectués par l'employé et par la Ville à la Caisse Nationale des Retraites pour la vieillesse, ne pourra excéder les trois quarts du dernier traitement. Le cas échéant, les rentes attribuées à l'épouse entreront en ligne de compte, si celle-ci n'est pas séparée de corps ou divorcée.

L'application du régime des bonifications exclut l'attribution à la veuve ou aux ayants-droit du capital réservé au profit de la Ville dans la constitution de pensions à la Caisse Nationale de Retraites pour la vieillesse. Lors de son exigibilité, ce capital sera versé à la présente Caisse.

Art. 28. — Les modifications apportées au présent règlement par le décret du 20 juillet 1920 auront leur effet à partir du 1er juillet 1919, en ce qui concerne les employés dont les traitements ont été augmentés à partir de cette date.

Art. 29. — Les modifications apportées aux articles 7, 9, 10 et 17 à 21 ne seront pas applicables aux liquidations et reversibilités de pensions des employés qui seront en fonctions dans l'Administration municipale au moment de la publication du décret à intervenir, ainsi qu'aux pensions dont les veuves d'employés sont déjà titulaires.

Vu pour être annexé à la délibération du Conseil municipal de Lyon, en date du 23 Juin 1913.

Lyon, le 5 Juillet 1913.

Pour le Maire de Lyon : *L'Adjoint délégué,*

Signé : P. Robin.

Vu pour être annexé au décret du 9 Février 1914, enregistré sous le n°.......

Le Ministre de l'Intérieur,
Pour le Ministre et par délégation,
Le Directeur de l'Administration départementale et communale,
Signé : Richard.

Pour ampliation :
Le Sous-Directeur, Chef de bureau du cabinet,
Signé : Tabaraut.

Vu pour être annexé aux délibérations du Conseil municipal, en date des 19 Juin 1922, 18 Décembre et 4 Juin 1923,

Pour le Maire de Lyon, *L'Adjoint délégué,*
Signé : Chazette.

Vu pour être annexé au Décret du 17 Octobre 1923,

Pour le Ministre de l'Intérieur,
Le Conseiller d'Etat, Directeur de l'Administration départementale et communale,
Signé : Labussière.

Pour ampliation :
Le Chef de Bureau et de la Direction du Personnel de l'Administration générale,
Signé : Illisible.

NOMENCLATURE des PIÈCES à PRODUIRE
pour la liquidation des pensions

§ 1er. — Pour la pension avant trente ans de services :
1° Demande en liquidation de pension,
2° Acte de naissance ;
3° Etat des services rendus dans les services tributaires de la Caisse ;
4° Certificat délivré par le médecin de l'Administration municipale, constatant les infirmités qui empêchent l'employé de continuer ses fonctions et la cause de ces infirmités ;
5° Copie de l'arrêté d'admission à la retraite ;
En cas de services civils étrangers à la Ville :
6° Certificats délivrés par les chefs d'administration, indiquant la durée des services, et faisant connaître si l'employé a, ou non, subi les retenues réglementaires au profit d'une Caisse des retraites ;
En cas de services militaires :
7° Certificat établissant ces services et émanant directement du Ministre de la Guerre ou de celui de la Marine ;
En cas de suppression d'emploi, le certificat médical prescrit au 4° sera remplacé par une copie de l'arrêté qui a prononcé la suppression de l'emploi.

§ II. — Pour la pension à trente ans et au delà :
. Mêmes pièces que ci-dessus, moins le certificat ou l'arrêté de suppression d'emploi.

§ III. — Pour la pension de la veuve d'un employé déjà pensionné :
1° Demande de réversibilité,
2° Titre de pension du mari ;
3° Acte de naissance de la veuve ;
4° Acte de célébration de mariage ;
5° Acte de décès du mari ;
6° Certificat de non divorce ou de non séparation de corps, délivré par le Greffier du Tribunal de première instance.

§ IV. — Pour la pension de la veuve d'un employé n'étant pas en jouissance de la pension au moment du décès :
1° Mêmes justifications que celles que le mari aurait eu à produire. moins celles indiquées aux 4°, 5° et 8° du § Ier ;
2° En outre, celles indiquées au § III, moins le titre de pension.

§ V. — Pour le secours annuel des orphelins mineurs :
1° Demande formée par le tuteur ,
2° Extrait de l'acte de tutelle :
3° Acte de naissance de chacun des enfants mineurs ;
4° Acte de célébration du mariage ;
5° Actes de décès du père et de la mère :
6° Copie du titre de pension du père ou de la mère.

Si la pension du père n'a pas été liquidée, on devra produire en plus les justifications mentionnées au 1° du § IV.

Décret du 23 Juillet 1918

Le Président de la République Française, -

Sur le rapport du Ministre du Travail et de la Prévoyance sociale, du Ministre des Finances et du Ministre de l'Intérieur,

Vu la loi du 5 Avril 1910, art. 10 ;

Le décret du 9 Février 1914, qui a autorisé le maintien à Lyon d'une Caisse de retraites en faveur des salariés communaux ;

La délibération en date du 13 Mai 1918, par laquelle le Conseil municipal de Lyon a demandé que des modifications fussent apportées au règlement de ladite Caisse de retraites ;

Les propositions du Préfet et les autres pièces de l'affaire,

DÉCRÈTE :

ARTICLE PREMIER. — Sont approuvées les modifications apportées au règlement de la Caisse de retraites des employés municipaux de la Ville de Lyon par la délibération du Conseil municipal en date du 13 Mai 1918.

ART. 2. — Les ministres du Travail et de la Prévoyance sociale, des Finances et de l'Intérieur sont chargés, chacun en ce qui le concerne, de l'exécution du présent décret.

Fait à Paris, le 23 Juillet 1918.

Signé : Poincaré

Par le Président de la République :

Le Ministre de l'Intérieur,

Signé : J. Pams.

Le Ministre des Finances,

Signé : L.-L. Klotz.

Le Ministre du Travail et de la Prévoyance sociale,

Signé : Colliard.

Pour copie conforme :

Le Conseiller de Préfecture délégué,

Signé : Curty.

Un arrêté municipal du 28 Septembre 1918 a fixé au 1ᵉʳ Janvier 1918 l'entrée en vigueur des modifications apportées par le décret ci-dessus à l'article 3 du règlement de la Caisse.

Extraits du Registre des Délibérations du Conseil Municipal

Caisse de Retraites des Employés de l'Administration municipale. — Modification du Règlement.

Délibération du Conseil Municipal
du 24 Avril 1911

Le Conseil, Délibère.

1°. — Est abrogé le § 6 de l'art 3 du règlement de la Caisse des retraites des employés de l'Administration municipale prescrivant d'opérer une retenue de 7 0/0 sur les gratifications, indemnités, remises et allocations supplémentaires de toute nature, accordées aux employés ;

2°. — Par mesure transitoire, les employés qui ont subi cette retenue sur des indemnités fixes et permanentes qui leur ont été attribuées depuis une époque antérieure au 1er Janvier 1906 pourront continuer à subir ces retenues à la condition qu'ils prennent au plus tard dans le mois qui suivra l'approbation de la présente délibération l'engagement écrit d'accepter pour la pension éventuelle résultant de ces indemnités, le mode de liquidation établi par le § 4 de l'art. 11 du règlement de la Caisse. Ceux de ces employés qui auraient cessé de bénéficier de ces indemnités à une époque quelconque avant leur admission à la retraite pourront néanmoins évoquer le bénéfice des dispositions de ce quatrième paragraphe, mais seulement pour la partie d'indemnité qui n'aurait pas été compensée par une augmentation de traitement entrant en compte dans la liquidation de leur pension, et accordée postérieurement à la cessation de l'indemnité.

3°. — Est portée à 5 francs 50 0/0 à partir de 1911 l'allocation de la Ville faisant l'objet du § 9 de l'art. 3 du règlement de ladite Caisse des retraites ;

4°. — Les bénéficiaires d'indemnités fixes et permanentes, autres que ceux visés à l'art. 2 ci-dessus pourront sur leur demande, obtenir le remboursement des retenues faites sur ces indemnités,

.à la condition qu'ils aient conservé au moins jusqu'au 31 Décembre 1910 les fonctions ayant motivé l'attribution de ces indemnités.

La dépense résultant de ce remboursement sera prélevée sur le crédit des dépenses imprévues du budget de 1911 ;

5° . — Les seules indemnités fixes et permanentes prévues aux art. 2 et 4 de la présente délibération sont celles résultant soit d'un règlement voté par le Conseil municipal, soit d'un arrêté du Maire stipulant sans limite de durée.

6°. — En attendant l'approbation de la présente délibération, l'Administration et le Receveur municipal sont autorisés à suspendre toute retenue sur les indemnités de quelque nature qu'elles soient accordées aux employés tributaires de la Caisse des retraites, sauf en ce qui concerne les employés visés à l'art. 2 ci-dessus.

(Et ont signé les membres présents.)

Pour extrait conforme :
L'Adjoint délégué,
Leblanc.

Délibération du Conseil Municipal
du 1er Juillet 1912

Le Conseil Municipal,

Vu l'art. 10 de la loi du 5 Avril 1910, sur les retraites ouvrières, aux termes duquel les Caisses et règlements de retraites dont bénéficient actuellement les salariés des Communes peuvent être maintenus par décrets rendus sur la proposition de MM. les Ministres de l'Intérieur, du Travail et des Finances ;

Vu la dépêche de M. le Préfet du Rhône, en date du 18 Juin 1912;

Vu le rapport de M. le Maire,

Sa Commission générale entendue ;

Délibère :

Est maintenue la Caisse des retraites des employés de l'Administration municipale de Lyon, telle qu'elle résulte du règlement approuvé par décrets des 18 Octobre 1897, 8 Août 1901, 1er Décembre

1906 et 20 Mars 1908, avec adjonction des dispositions contenues dans sa délibération précédente du 24 Avril 1911.

(Et ont signé les membres présents.)

Pour extrait conforme :
L'Adjoint délégué,
LEBLANC.

Délibération du Conseil Municipal
du 23 Juin 1913

LE CONSEIL MUNICIPAL.

Vu sa délibération en date du 1er Juillet 1912, décidant en conformité de l'art. 10 de la loi du 5 Avril 1910, sur les retraites ouvrières le maintien de la Caisse des retraites des employés de l'Administration municipale telle qu'elle résulte du règlement en vigueur et des adjonctions contenues dans sa précédente délibération du 24 Avril 1911 ;

Vu la dépêche en date du 2 Juin 1913, par laquelle M. le Ministre du Travail a demandé la modification ou la suppression des art. 15 et 24 du règlement de la Caisse des retraites des employés de l'Administration municipale ;

Vu ledit règlement ;

Vu le rapport par lequel M. le Maire propose la suppression des art. 15 et 24 précités, lesquels n'ont jamais été appliqués et seraient au reste d'une application difficile ;

Sa Commission générale entendue ;

DÉLIBÈRE :

Est approuvé le règlement susvisé de la Caisse des retraites des employés de l'Administration municipale lequel comporte la suppression des dispositions figurant aux articles 15 et 24.

(Et ont signé les membres présents.)

Pour extrait conforme :
L'Adjoint délégué,
P. ROBIN.

Séance extraordinaire du 13 Mai 1918
Compte rendu affiché le 18 Mai 1918

Président : M. Ed. Herriot, maire.
Secrétaire élu : M. Franck.
Présents : MM. Gourju, Sallès, Biennier, Gervais, Sourd, Hoffherr, Herriot, Franck, Leblanc, Paris, Victor, Vilbœuf, Chazette, Tribolet, Junique, Barbero, Piaton, Gaillard, Falconnier, Bérerd, Curtelin, Lévy, Augros, Joseph Vial, Carle, Poisard, Maurice Vial, Peillod, Carteret, Monet, Gorjus, Thévenon, Millet, Chol, Anselme.
Absents excusés : MM. Levrat, Regaud, Nové-Josserand,, Richerand, Tixier, Rambaud, Guélin, Darme, Valansio, Duquaire, Quak, Genin, Rognon, Legouhy, Marro, Drevet, Arnaud.

Le Conseil municipal,

Vu le règlement de la Caisse des retraites des employés de l'Administration municipale de Lyon du 5 Juillet 1913, approuvé par décret du 9 Février 1914,

Vu le rapport en date du 22 Avril 1918, par lequel M. le Maire :

1° Expose que la suppression du service de perception de la taxe municipale sur l'alcool, résultant de l'application de la loi du 3 Mars 1918, nécessite l'admission immédiate à la retraite de trente employés dont les pensions s'élevant à environ 60.000 francs, pèseront lourdement sur la Caisse des retraites ;

Que d'autres causes, notamment les relèvements successifs. au cours de ces dernières années, des taux de rémunération du personnel participant, augmenteront encore l'insuffisance de ressources de cette Caisse ;

Qu'à l'heure actuelle, le chiffre des pensions servies s'élève environ à 450.000 francs, alors que les ressources normales et assurées de la Caisse des retraites ne dépassent guère ce chiffre ;

2° Propose, dans le but d'augmenter ces ressources :

a) De ne plus faire état, dans le calcul de la subvention de la Ville pour le paiement des pensions des anciens employés de l'Octroi, de la somme fixe de 27.007 francs constituant la dotation en rentes sur l'Etat de l'ancienne Caisse des employés de l'Octroi, fusionnée avec la Caisse des retraites des employés de l'Administration municipale, suivant décret du 1er Décembre 1906 ;

b) De relever les allocations de la Ville et du Bureau de Bienfaisance à un chiffre égal aux retenues pratiquées sur les traitements, soit 7 0/0 et premier douzième ;

3° Propose également d'apporter au règlement de la Caisse des retraites des employés municipaux deux autres modifications de pure forme : l'une concernant le receveur actuel du Bureau de bienfaisance, l'autre relative au cumul d'une pension et d'un traitement d'activité, interdit par l'art. 16 ;

Sa Commission générale entendue ;

Considérant qu'il est nécessaire d'augmenter dès à présent les ressources de la Caisse des retraites des employés municipaux, afin d'éviter le déficit ;

Considérant qu'il est généralement admis que la participation de l'employeur dans la constitution des fonds de retraites est au moins égale à celle des employés ; qu'en relevant le taux des allocations de la Ville et du Bureau de bienfaisance, il y aura, de ce fait, entre ces administrateurs et leurs employés, une équivalence de charges qui paraît justifiée par les nécessités actuelles, aussi bien que pour des raisons d'équité ;

Considérant que le receveur actuel du Bureau de bienfaisance subit depuis son entrée en fonctions la retenue au profit de la Caisse des retraites sur l'intégralité de son traitement ; que ces dispositions ayant été modifiées depuis dans un sens restrictif par le décret du 9 Février 1914, il convient, pour prévenir toute difficulté au moment de la liquidation de la pension de ce fonctionnaire, de spécifier qu'il reste soumis, sous ce rapport, aux dispositions antérieures ;

Considérant que l'Administration municipale a dû pendant la guerre, faire appel à d'anciens employés retraités pour combler les vides résultant de la mobilisation d'une partie du personnel municipal ; qu'il convient, pour éviter toutes difficultés ultérieures, de compléter l'art. 16 du règlement susvisé par une disposition analogue à celle insérée en 1913 dans la loi des pensions civiles pour les employés de l'Etat et qui autorise, dans certaines conditions, le cumul des pensions et des traitements ;

Délibère :

Il est apporté au règlement ci-dessus visé de la Caisse des retraites des employés de l'Administration municipale de Lyon, du 5 Juillet 1914, les modifications ci-après :

a) Les paragraphes 8 et 10 de l'art. 3 sont remplacés par le texte suivant :

« 8° D'une allocation de la Ville et du Bureau de bienfaisance égale aux retenues effectuées sur les traitements des employés par application des paragraphes 3 et 4 ci-dessus ;

« 10° D'une subvention de la Ville égale au montant des pensions des anciens employés de l'Octroi au 1er Janvier de chaque année. »

b) Le paragraphe 1er de l'art. 4 est complété par la mention suivante :

« Cette disposition ne s'applique pas au titulaire actuel de ce dernier emploi, qui reste soumis aux prescriptions du règlement antérieur. »

c) Le dernier paragraphe de l'art. 16 est modifié et complété comme suit :

« Après trente ans de services, le cumul n'est interdit qu'autant que les nouvelles fonctions exercées sont rétribuées au mois ou à l'année sur le budget municipal.

« Les employés retraités qui ont repris du service dans l'Administration municipale pendant la guerre ne sont pas soumis aux règles du cumul en ce qui concerne les émoluments qu'ils ont touchés à divers titres depuis le mois d'Août 1914. »

(Et ont signé les membres présents.)

Pour extrait conforme :

L'Adjoint délégué,

CHAZETTE.

Délibération du Conseil Municipal
du 10 Novembre 1919

LE CONSEIL MUNICIPAL,

Vue le rapport de M. le Maire,

Sa Commission générale entendue,

DÉLIBÈRE :

Il est apporté au règlement de la Caisse des retraites des employés de l'Administration municipale les modifications ci-après :

« Art. 3. § 8. — D'une allocation de la Ville et du Bureau de bienfaisance égale aux retenues effectuées sur les traitements des employés, par application des paragraphes 3, 4 et 5 ci-dessus.

« Art. 4. — Les retenues à opérer en vertu de l'art. 3 §3 à 5 ci-dessus ne s'exercent pas sur la partie des traitements supérieurs à 15.000 francs ;

« Le Receveur municipal et celui du Bureau de bienfaisance ne supportent les retenues que sur les trois quarts de leurs traitements, le maximum ci-dessus leur étant applicable.

« La limite des trois quarts ne s'applique pas au Receveur du Bureau de bienfaisance, qui ne pourra toutefois subir les retenues au delà de 15.000 francs.

« Art. 11 § 2. — La pension est égale aux 2/3 (deux tiers) de cette moyenne, elle s'accroît, pour chaque année de service au-dessus de trente ans ; 1° de 1/30 (un trentième) de ces deux tiers jusqu'à 55 ans d'âge ; 2° de 1/45 (un quarante-cinquième) de ces deux tiers au-dessus de 55 ans d'âge.

« La pension accordée avant trente ans de services, sauf le cas prévu dans l'art 13 ne pourra être inférieure au sixième du dernier traitement. »

(Et ont signé les membres présents.)

Pour extrait conforme :
L'Adjoint délégué,
CHAZETTE.

Délibération du Conseil Municipal
du 9 Février 1920

LE CONSEIL MUNICIPAL,

Vu le rapport de M. le Maire,

Sa Commission générale entendue,

DÉLIBÈRE :

La délibération du 10 Novembre 1919 portant modification du règlement de la Caisse des retraites des employés de l'Administration municipale est modifiée et complétée comme suit :

« Art. 11 — La pension est égale aux 2/3 (deux tiers) de cette moyenne ; elle s'accroît pour chaque année de service au-dessus de trente ans : 1° de 1/30 (un trentième) de ces deux tiers jusqu'à 55 ans d'âge ; 2° de 1/45 (un quarante-cinquième) de ces deux tiers au-dessus de 55 ans d'âge. Elle ne peut excéder les trois quarts du dernier traitement.

« La pension accordée avant 30 ans de service, sauf le cas prévu à l'art. 12, est liquidée pour chaque année de service à raison de 1/45 (un quarante-cinquième) du traitement moyen des trois derniè-res années de service ; elle ne peut être inférieure au sixième du dernier traitement.

« Si l'employé admis à la retraite remplissait séparément à ce moment des fonctions distinctes d'origine de dates différentes et rétribuées séparément, il sera procédé à une liquidation spéciale des droits résultant de chacune de ces fonctions.

« La liquidation correspondant à la fonction principale sera établie d'après les conditions ci-dessus, et bénéficiera seule de l'adjonction des services antérieurs stipulés à l'art. 9. La liquida-tion des droits résultant des autres fonctions sera faite d'après la durée effective de ces dernières, quelle que soit cette durée, à raison de 1/45 (un quarante-cinquième)) du traitement moyen des trois dernières années pour chaque année de service. La pension accordée résultera de la réunion des liquidations séparées ; elle ne pourra excéder le maximum indiqué ci-dessus. »

Les modifications ci-dessus auront leur effet à partir du 1er Juillet 1919, en ce qui concerne les employés dont les traitements ont été relevés depuis cette date.

Toutefois, les employés qui se trouveraient dans l'obligation de prendre leur retraite avant le 1er Juillet 1922 pour raisons de santé pourront, à titre exceptionnel, faire liquider leur pension en prenant pour base leur dernier traitement d'activité, l'Administration muni-cipale se réservant le droit de s'assurer, par tous les moyens qu'elle jugerait utile, de l'invalidité complète de ces employés

(Et ont signé les membres présents.)

Pour extrait conforme :

L'Adjoint délégué,

CHAZETTE.

Délibération du Conseil Municipal
du 17 Mai 1920

Le Conseil Municipal,

Vu sa délibération du 9 Février 1920. apportant au règlement de la Caisse de·retraites des employés de l'Administration municipale les modifications nécessaires pour le mettre en concordance avec la situation nouvelle résultant des augmentations générales de traitement accordées au personnel, visant notamment les employés ayant moins de trente ans de services, admis à la retraite proportionnelle et décidant au 2me § de l'art. 28 dudit règlement :

« Toutefois, les employés qui se trouveraient dans l'obligation de prendre leur retraite avant le 1er Juillet 1922, pour raisons de santé pourront, à titre exceptionnel, faire liquider leur pension en prenant pour base leur dernier traitement d'activité, l'Administration municipale se réservant le droit de s'assurer, par tous les moyens qu'elle jugerait utiles, de l'invalidité complète de ces employés. »

Vu la dépêche ministérielle du 5 Mai 1920 ;

Vu le rapport en date du 14 Mai 1920 par lequel M. le Maire fait connaître que l'Administration supérieure n'a pas admis cette disposition qui créerait aux employés de la commune une situation privilégiée par rapport aux agents de l'Etat se trouvant dans le cas envisagé ;

Sa Commission générale entendue ;

Considérant qu'il sera toujours loisible à l'Assemblée municipale, lorsqu'elle se trouvera en présence d'un cas intéressant, d'accorder à l'employé admis à la retraite pour raisons de santé, un supplément de pension ou un secours annuel renouvelable ; dont le montant serait alors prélevé sur le budget de la Ville ;

Délibère :

La disposition ci-dessus reproduite qui constitue le deuxième paragraphe de l'art. 28 du règlement de la Caisse des retraites des employés de l'Administration municipale de Lyon et fait l'objet de la dépêche ministérielle susvisée est supprimée.

(Et ont signé les membres présents.)

Pour extrait conforme : *L'Adjoint délégué,*

Chazette.

Délibération du Conseil Municipal
du 21 Novembre 1921

Le Conseil Municipal,

Vu, etc.

Vu le rapport de M. le Maire en date du 21 Octobre 1921 ;

Sa Commission générale entendue,

Délibère,

1° . — L'art.16 du règlement de la Caisse des retraites des employés de l'Administraiton municipale est complété ainsi qu'il suit :

« Les réversibilités de pensions accordées en vertu du présent règlement peuvent se cumuler, à concurrence de 10.000 francs, avec les traitements et indemnités quelconques payés aux titulaires de ces réversibilités sur le budget communal.

« Toutefois, conformément à la loi ci-dessus visée, du 21 Juillet 1920, le cumul à ce chiffre ne sera admis qu'à partir du 1er Août 1920. Avant cette date le cumul ne sera admis qu'à concurrence de 6.000 francs. »

2°. — Dans la somme de 10.000 francs est comprise, le cas échéant, la valeur représentative des avantages en nature.

(Et ont signé les membres présents.)

Pour extrait conforme :

L'Adjoint délégué,

G. Marro.

Délibération du Conseil Municipal
du 6 Mars 1922

Le Conseil Municipal,

Vu sa délibération du 21 Novembre 1921, décidant, etc...

Vu la lettre du 18 Février 1922 par laquelle M. le Préfet du Rhône fait connaître que M. le Ministre du Travail, consulté sur l'addition proposée, a adressé à M. le Ministre de l'Intérieur la dépêche suivante :

. . . .

Vu le rapport de M. le Maire en date du 4 Mars 1922 ;

Sa Commission générale entendue,

DÉLIBÈRE :

Les 2 premiers alinéas de l'art. 16 du règlement de la Caisse de retraites des employés de l'Administration municipale sont rédigés comme suit :

« Lorsqu'un employé, admis à la retraite avant trente ans de services pour cause d'infirmités, affections chroniques ou accidents, devient titulaire d'une fonction ou d'un emploi public quelconque rétribué, il pourra être autorisé à cumuler la pension proportionnelle qui lui a été attribuée et le traitement de la fonction qu'il occupe jusqu'à concurrence du chiffre de traitement normal afférent au cadre auquel il appartenait avant d'être mis à la retraite (I).

« (I) Il faut entendre par traitement normal celui auquel l'employé peut prétendre en raison de son ancienneté effective de service. »

« Après trente ans de services, le cumul de la pension et du traitement est autorisé dans les limites fixées par l'art. 76 de la loi du 31 Juillet 1920, c'est-à-dire à concurrence de 10.000 francs, avantages en nature compris. »

Est maintenu le texte adopté par sa délibération ci-dessus visée du 21 Novembre 1921, qui n'a fait l'objet d'aucune observation.

Le 3ᵐᵉ § actuel dudit art. 16 reste sans changement.

(Et ont signé les membres présents.)

Pour extrait conforme :

L'Adjoint délégué,

CHAZETTE.

CAMARADES,

lisez

"Le Peuple"

Organe Quotidien de la C. G. T.

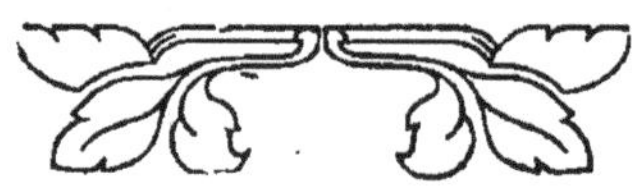

Abonnements de 3, 6 mois, un an

S'ADRESSER AU

Secrétariat du Syndicat, 33, rue Bossuet

Personnel des Services Municipaux

PARTICIPATION

à la

Caisse Nationale des Retraites

pour la Vieillesse

RÈGLEMENT

Personnel participant à la Caisse nationale

Article Premier. — Les employés et ouvriers des services municipaux de la Ville de Lyon indiqués dans l'état ci-annexé sont admis à constituer à leur profit, avec le concours de la Ville, une pension viagère qui leur sera servie par la *Caisse nationale des retraites pour la vieillesse.*

Le présent règlement sera appliqué d'office à ceux de ces employés et ouvriers participant actuellement à ladite Caisse, ainsi qu'à ceux qui seront dorénavant incorporés dans les services municipaux (1).

1) *A dater du 1er Janvier 1924, resteront seuls participant de la Caisse Nationale :*

1° *Les employés et ouvriers qui, âgés de plus de 45 ans au 1er Janvier 1922 n'ont pu être admis à participer à la Caisse Municipale.*

2° *Ceux qui, âgés de moins de 45 ans au 1er Janvier 1922, et admis facultativement à participer à la Caisse Municipale, n'auront pas usé de la faculté d'option dont l'échéance a été fixée au 17 Janvier 1924.*

Art. 2. — A cet effet, une retenue mensuelle de 4 0/0 est effectuée sur les traitements ou salaires de ces employés et ouvriers (1).

La quotité de ces retenues peut être augmentée au gré des participants sans que le montant total des versements à effectuer, y compris l'allocation municipale indiquée à l'art. 3 ci-après, puisse dépasser 500 francs par an et par conjoint (2).

1) Les retenues effectuées sur les traitements seront à partir du 1er Janvier de 6 0/0, sauf pour les participants qui auraient déclaré par écrit, avant le 1er Janvier 1924, vouloir conserver le statu quo. La retenue de 6 0/0 sera effectuée d'office, pour ceux qui n'auront pas usé, avant la date précitée de la faculté d'option.

2) Ce maximum de 500 francs ne peut plus jouer, étant donné que 12 0/0 de retenue sur un traitement de début (4.700 fr.) dépassent déjà ce chiffre.

Art. 3. — La Ville verse en même temps à la même caisse, au nom de ces employés et ouvriers, les sommes ci-après (1) :

4 0/0 du traitement pendant les dix premières années de service ;

5 0/0 de la dixième à la vingtième année ;

6 0/0 au delà de la vingtième année.

Les rentes viagères produites par cette allocation sont incessibles et insaisissables.

1) La Ville versera également, dorénavant 6 0/0, quel que soit le temps de service de l'employé ou ouvrier.

Art. 4. — Les versements provenant des retenues opérées sur les traitements ou salaires sont faits à capital *aliéné*.

Ceux provenant de l'allocation de la Ville sont faits à capital réservé (1). Toutefois, *au moment de la liquidation de sa pension*, le titulaire aura la faculté d'aliéner le capital provenant des versements faits à son nom par la Ville afin d'obtenir une augmentation de rente viagère, sans que cette rente puisse dépasser le maximum de 1.200 francs (2).

Si le titulaire décède avant d'avoir pris sa retraite ou s'il ne profite pas de la faculté d'aliénation qui lui est accordée par le paragraphe ci-dessus, le capital réservé provenant de l'allocation de la Ville ne pourra, à son décès, bénéficier qu'à sa veuve d'abord, et à défaut à ses enfants (3).

S'il existe des enfants issus d'un précédent mariage, le capital sera partagé par parts égales entre la veuve et ces enfants. S'il n'existe ni veuve ni enfants, le capital fera retour à la Ville (3).

1) Dorénavant, les versements de la Ville seront également faits à capital aliéné.

2) Ce maximum a été élevé à 6.000 francs.

3) Les versement de la Ville étant faits dorénavant à capital aliéné, la veuve d'un employé décédé en activité de service qui pouvait, depuis la délibération du 19 Juin 1922, choisir entre le capital et la pension viagère constituée par la moitié des bonifications prévues par ladite délibération, auxquelles aurait pu prétendre son mari au moment de son décès, la veuve bénéficiera normalement de cette pension viagère, augmentée de la rente à la Caisse Nationale constituée par les versements effectués par le mari au profit de sa conjointe. Il ne pourra plus être question de remboursement de capital.

Art. 5. — L'entrée en jouissance de la pension est fixée à 55 ans (1).

Toutefois, l'ayant droit à une rente viagère peut, avec l'autorisation de l'Administration et tant qu'il reste au service de la Ville, retarder de cinq années son entrée en jouissance, sans qu'elle puisse d'ailleurs être reportée au delà de 65 ans et sans que la rente puisse excéder le maximum de 1.200 francs (2). Le titulaire bénéficiant de cette disposition conserve néanmoins le droit d'obtenir, sur sa simple demande, la liquidation de sa pension à toute année d'âge accomplie pendant la période de cinq ans fixée par le dernier ajournement (3).

1) A 60 ans pour les agents admis à participer à la Caisse Nationale avant le 1er Janvier 1900 par application de la délibération du 16 Juillet 1895. (Voir art. 11.)

2) Maximum porté à 6000 francs.

3) Autrement dit, lorsque l'agent a atteint l'âge de 55 ans, il peut demander la liquidation de sa pension à 56, 57, 58 ou 59 ans ; il n'est pas nécessaire, dans le cas où la liquidation est reportée à 60 ans, d'attendre, comme beaucoup le croient, l'échéance des 5 années. (Même observation pour ceux placés sous le régime de 1895.)

Art. 6. — Il ne sera plus opéré de retenues sur les traitements ou salaires lorsque le titulaire maintenu en fonctions aura droit à la rente maximum de 1.200 francs (1), et l'allocation de la Ville cessera également d'être versée en son nom.

Toutefois, si le titulaire est marié, la retenue pourra continuer à être faite au profit exclusif de sa femme, tant que la pension de celle-ci n'aura pas atteint le maximum ci-dessus.

1) Maximum porté à 6.000 francs.

ART. 7. — Le titulaire atteint de blessures graves ou d'infirmités prématurées, régulièrement constatées et entraînant une incapacité absolue et permanente de travail, pourra être retraité par anticipation.

La rente viagère sera liquidée conformément à l'art. 11 de la loi du 20 Juillet 1886, et profitera, s'il y a lieu, de la bonification accordée par l'Etat sur le crédit annuel ouvert au budget du Ministère du Commerce, de l'Industrie, des Postes et des Télégraphes (1).

Cette rente pourra également être majorée au moyen d'un fonds spécial qui sera créé avec le produit des capitaux faisant retour à la Ville par suite de l'application de la disposition finale de l'art 4 ci-dessus.

Ces capitaux seront inscrits à un compte spécial des services hors-budget de la Ville et il en sera fait l'emploi suivant la forme et dans des conditions qui seront ultérieurement déterminées.

1) *L'art. 11 de la loi du 20 Juillet 1886 dit ceci : « Dans le cas de blessures graves ou d'infirmités prématurées régulièrement constatées, conformément au décret du 27 Juillet 1861, et entraînant incapacité absolue de travail, la pension peut être liquidée même avant 50 ans et en proportion des versements faits avant cette époque.*

Les pensions ainsi liquidées pourront être bonifiées à l'aide d'un crédit ouvert chaque année au budget du Ministère de l'Intérieur.

Dans aucun cas, le montant des pensions bonifiées ne pourra être supérieur au triple du produit de la liquidation, ni dépasser un maximum de trois cent soixante francs (360 frcs) bonification comprise. » (Ce dernier chiffre a certainement dû être élevé, car depuis 1886 !!...)

Dans le cas d'insuffisance de pension, la Ville a toujours le droit d'accorder elle-même une majoration à l'aide des crédits affectés pour « Pensions et Secours à la charge de la Ville ». Les bonifications prévues par la délibération du 19 Juin 1922 entrent également en ligne de compte pour augmenter la pension de l'intéressé.

ART. 8. — Lorsqu'un employé ou un ouvrier participant à la Caisse de la vieillesse passe dans une fonction participant à la Caisse des retraites de l'Administration municipale, il peut, s'il n'a pas dépassé l'âge de 45 ans et s'il en exprime le désir, verser désormais à cette dernière Caisse, et sa pension sera liquidée dans les conditions prévues par l'art. 11 du règlement approuvé par décret du 17 Octobre 1897 (1).

1) *Décret modifiant le règlement de la Caisse municipale. Voir*

le règlement nouveau de cette Caisse, art. 11, approuvé par Décret du 17 Octobre 1923. Les cas prévus dans l'article ci-dessus deviendront de plus en plus rares, par suite de l'admission d'office de tous les nouveaux agents titulaires à la Caisse municipale.

ART. 9. — Les versements à la Caisse de la vieillesse provenant (Art. 2) des retenues sur le traitement des titulaires mariés et **non** séparés de biens profitent par moitié à chacun des deux conjoints et donnent lieu à des liquidations distinctes (1).

L'entrée en jouissance de la pension du conjoint d'un participant est fixée de façon à ce qu'elle coïncide avec l'entrée en jouissance de la pension du titulaire, à moins qu'à cette époque le conjoint n'ait pas encore atteint l'âge de 55 ans ; dans ce cas, la date de l'entrée en jouissance de sa pension est fixée à 55 ans (2).

Les versements de la Ville (Art. 3) sont faits au nom de l'employé ou ouvrier seul.

1) *L'employé marié constitue en effet lui-même, la rente de son épouse. Les retenues effectuées sur son traitement sont versées par parts égales à capital aliéné, sur la tête des deux conjoints.*

2) *Autrement dit, l'employé marié ayant atteint l'âge de 55 ans peut obtenir liquidation de sa pension, mais son épouse, si elle n'est âgée par exemple que de 53 ans, devra attendre deux ans la liquidation de sa part de rente.*

ART. 10. — La Ville se réserve le droit de profiter des données de l'expérience pour modifier le présent règlement soit dans son ensemble soit dans ses détails.

Ces modifications ne pourront avoir, dans aucun cas, un effet rétroactif à l'égard des droits acquis.

Toutefois, l'application du présent règlement reste soumis aux modifications qui pourront ultérieurement survenir dans la législation et le fonctionnement de la Caisse nationale des retraites pour la vieillesse.

Dispositions transitoires

ART. 11. — L'entrée en jouissance de la pension, fixée à 60 ans par la délibération du 16 Juillet 1895, est maintenue à cet âge pour les participants actuels (1) de la Caisse nationale des retraites pour la vieillesse.

1) *C'est-à-dire étant déjà adhérents à la Caisse nationale lors de la mise en vigueur du présent règlement (1er Janvier 1900).*

Art. 12. — Lors de la mise en vigueur du présent règlement, il sera procédé comme suit à l'égard des employés et ouvriers titulaires alors en fonctions qui ne participent ni à la Caisse des retraites des employés municipaux ni à la Caisse de la vieillesse :

Pour ceux qui auront moins de 40 ans, la participation à cette dernière Caisse sera obligatoire dans les conditions ci-dessus déterminées ;

Pour les autres, cette participation sera facultative, et il est apporté en leur faveur au présent règlement les dérogations ci-après (1) :

a) Les retenues obligatoires sur traitements seront réduites à 2 0/0 pour ceux justifiant qu'ils font partie d'une Société de secours mutuels et de retraite,

b) Les versements provenant de ces retenues pourront être faits à capital *réservé ;*

c) L'entrée en jouissance de la pension sera reportée à 60 ans (1).

Les sommes versées par la Ville à la Caisse d'épargne de la Croix-Rousse pour le compte de ces adhérents éventuels devront être retirées pour être transférées en leur nom à la Caisse nationale de la vieillesse, où elles seront versées à capital *réservé.*

1) *Les employés qui, à cette époque, ont pu bénéficier de ces dérogations, restent actuellement très peu nombreux.*

Art. 13. — Les employés et ouvriers âgés de plus de 40 ans qui ne voudront pas bénéficier des dispositions de l'article 12 ci-dessus recevront ou continueront à recevoir de la Ville, dans les conditions déterminées par la délibération du 16 Juillet 1895, une allocation annuelle de 24 francs qui sera versée en leur nom à la Caisse d'épargne de la Croix-Rousse (2).

Avec le nouveau régime cet article disparaît de lui-même.

Art. 14. — Sont rapportées les dispositions contraires au présent règlement contenues dans la délibération du 16 Juillet 1895.

---

(1) Pour ceux ayant atteint ou dépassé 55 ans, l'entrée en jouissance sera reportée à 65 ans.

(2) Les sommes versées à la Caisse d'épargne dans les conditions susénoncées ne pourront être retirées que lorsque le bénéficiaire quittera définitivement le service ou décèdera ; il est de même des intérêts produits par les versements.

(Délibération du 16 Juillet 1895, art. 2 §3.)

Conseil Municipal de Lyon

Séance du 1ᵉʳ Mars 1900

LE CONSEIL MUNICIPAL,

Vu la délibération prise le 16 Juillet 1895 par le Conseil municipal précédent, décidant que les cantonniers et jardiniers de la Ville participeraient désormais à la Caisse nationale des retraites pour la vieillesse, et fixant les conditions de cette participation ;

Vu le projet de règlement présenté par l'Administration, en vue d'étendre le bénéfice de la retraite à d'autres employés et ouvriers de la Ville, et d'améliorer son fonctionnement actuel au profit des participants ;

Vu le rapport de M. le Maire ; ensemble les autres pièces du dossier ;

Sa première Commission entendue ;

DÉLIBÈRE,

Est approuvé le projet de règlement ci-dessus visé, présenté par l'Administration en vue de la participation de certains employés et ouvriers des services municipaux à la Caisse nationale des retraites pour la vieillesse, et dont un exemplaire est annexé à la présente.

(Et ont signé les membres présents.)

Pour copie conforme :
L'Adjoint délégué,
BALLET-GALLIFET.

Vu et approuvé :
Lyon, le 23 Mars 1900.
Pour le Préfet du Rhône :
Le Conseiller de Préfecture délégué,
S. PAIN.

Caisse Nationale de Retraites pour la Vieillesse - Tarif 5 %

Rente viagère produite par un versement de 100 francs

AGES au VERSEMENT	CAPITAL ALIÉNÉ				CAPITAL RÉSERVÉ			
	Jouissance de la Rente à				Jouissance de la Rente à			
	50 ans	55 ans	60 ans	65 ans	50 ans	55 ans	60 ans	65 ans
	fr. c.	fr. c.	fr. c.	fr. c.	fr. c.	fr. c.	fr. c.	fr. c.
De 30 à 31 ans	24 72	38 02	61 64	107 80	18 93	29 10	47 19	82 53
31 à 32 —	23 37	35 95	58 28	101 93	17 75	27 30	44 26	77 41
32 à 33 —	22 10	33 98	55 10	96 37	16 64	25 59	41 50	72 58
33 à 34 —	20 89	32 13	52 09	91 10	15 59	23 98	38 88	68 »
34 à 35 —	19 75	30 37	49 24	86 12	14 60	22 46	36 41	63 68
35 à 36 —	18 67	28 71	46 55	81 41	13 67	21 02	34 08	59 60
36 à 37 —	17 64	27 13	43 99	76 94	12 78	19 66	31 87	55 73
37 à 38 —	16 67	25 64	41 57	72 70	11 94	18 37	29 78	52 08
38 à 39 —	15 75	24 22	39 27	68 68	11 15	17 15	27 81	48 64
39 à 40 —	14 87	22 87	37 09	64 86	10 41	16 »	25 95	45 38
40 à 41 —	14 04	21 60	35 02	61 24	9 70	14 92	24 19	42 30
41 à 42 —	13 26	20 38	33 05	57 80	9 04	13 90	22 53	39 40
42 à 43 —	12 51	19 23	31 19	54 54	8 41	12 93	20 96	36 66
43 à 44 —	11 80	18 14	29 42	51 45	7 81	12 02	19 48	34 08
44 à 45 —	11 13	17 11	27 74	48 52	7 26	11 16	18 09	31 64
45 à 46 —	10 49	16 13	26 15	45 74	6 73	10 35	16 78	29 34
46 à 47 —	9 88	15 20	24 64	43 09	6 23	9 58	15 54	27 17
47 à 48 —	9 30	14 31	23 20	40 58	5 76	8 86	14 37	25 13
48 à 49 —	8 75	13 46	21 83	38 17	5 32	8 19	13 27	23 21
49 à 50 —	8 23	12 65	20 52	35 88	4 91	7 55	12 24	21 41
50 à 51 —		11 88	19 26	33 69		6 95	11 27	19 71
51 à 52 —		11 14	18 07	31 60		6 39	10 36	18 12
52 à 53 —		10 44	16 93	29 60		5 86	9 51	16 62
53 à 54 —		9 77	15 84	27 71		5 37	8 71	15 23
54 à 55 —		9 14	14 81	25 90		4 91	7 96	13 92
55 à 56 —			13 83	24 19			7 26	12 70
56 à 57 —			12 90	22 56			6 61	11 56
57 à 58 —			12 02	21 02			6 »	10 49
58 à 59 —			11 18	19 56			5 43	9 50
59 à 60 —			10 39	18 17			4 91	8 58
60 à 61 —				16 86				7 73
61 à 62 —				15 61				6 94
62 à 63 —				14 42				6 21
63 à 64 —				13 29				5 53
64 à 65 —				12 22				4 91

AVANTAGES COMPARÉS
de la Caisse Municipale

L'action entreprise par le Syndicat du Personnel Municipal pour la réforme du régime des retraites, a eu pour but principal d'unifier le système des retraites et d'améliorer les pensions des employés actuellement en service, participants de la Caisse Nationale, qui ne pouvaient espérer que des pensions dérisoires. Pour ceux-là le but a été atteint. Mais la Caisse Municipale devra subir dans l'avenir d'importantes modifications qui s'imposeront si l'on ne veut pas que ses participants aient, avec des versements plus élevés, une situation inférieure aux participants de la Caisse Nationale. ce qui se produira dans quelques années, si le tarif de cette dernière continue à s'élever (1). Le tarif de 5 0/0 actuel nous rapproche sensiblement de cette éventualité.

Il faut espérer que dans un avenir rapproché, une nouvelle jurisprudence permettra d'apporter au Règlement de la Caisse Municipale, les améliorations refusées d'une part par le Maire (Retraite proportionnelle, catégories insalubres), et rétablira d'autre part les avantages retirés par le Ministre aux articles 7, 9 et 10 du règlement, en invoquant la jurisprudence actuelle.

Malgré ce qui précède, la Caisse Municipale a toujours été jugée — à juste titre — par le personnel comme étant la plus avantageuse. L'augmentation des traitements en 1919 avait encore accentué cette différence entre les deux Caisses. Mais le relèvement du tarif de la Caisse Nationale, en améliorant considérablement le taux de la rente, a sensiblement diminué cet écart, et les futurs versements de 6 0/0 à capital aliéné sont susceptibles, dans un avenir très rapproché, d'établir l'équilibre entre les deux régimes.

La Caisse Municipale, quoique régie par des règlements déjà anciens, a subi des modifications à différentes reprises, et est intéressante pour les participants en ce sens qu'elle les garantit

---

(1) Rappelons qu'avant la guerre, ce tarif était de 3 ½ 0/0 et qu'il jouait sur des traitements très minimes par rapport aux traitements actuels ; qu'il est passé successivement à 4 ½ 0/0 et récemment à 5 0/0 (1er Janvier 1922).

en cas de maladies, d'accidents ou d'invalidité. La situation des veuves ou des orphelins y est sauvegardée de façon plus avantageuse. Et ce sont là choses à considérer surtout pour l'employé marié. (Voir exemples plus loin.)

Cette Caisse demeurera toujours plus avantageuse pour le personnel, surtout si l'on y apporte par la suite les modifications suivantes :

1° Abolition du versement du premier douzième ;

2° Abaissement à 6 0/0 du taux des versements de l'employé ;

3° Abaissement à 25 ans de la durée du temps de service exigé ;

4° Retraite proportionnelle et facultative après 45 ans de services avec liquidation reportée à 55 ans.

Dans un avenir très rapproché, l'on s'apercevra de la nécessité de ces réformes, car les sacrifices demandés aux titulaires de la Caisse Municipale leur apparaîtront de plus en plus excessifs, et le recrutement s'en ressentira lorsqu'ils seront en mesure de comparer la situation qu'ils peuvent acquérir en matière de retraites, à la Caisse Nationale, avec les nouveaux barêmes.

On ne doit cependant pas oublier que le tarif actuel de la Caisse Nationale (5 0/0) constitue un maximum qui ne paraît guère devoir être dépassé dans les circonstances actuelles et est plutôt susceptible d'être diminué.

C'est une éventualité qui ne doit pas être perdue de vue.

Pour calculer soi-même sa Pension

Des camarades demandent fréquemment : Combien pourrai-je avoir de retraite ? Il est difficile de répondre au pied levé à pareille question. Tout dépend de l'âge auquel vous êtes entré en service, de la date du premier versement, des traitements successifs qui vous ont été alloués, etc. etc...

S'il s'agit de la Caisse Municipale, rien de plus simple. Autant d'années de versement, autant de 1/45 du traitement moyen des trois dernières années de services. Si vous continuez à verser après 30 ans de services, votre pension qui est déjà égale au 2/3 de cette moyenne, s'accroîtra de 1/30 de ces 2/3 pour chaque année supplémentaire jusqu'à 55 ans d'âge, et de 1/45 de ces 2/3 au-dessus de 55 ans d'âge.

Si vous avez accompli 3, 4 ou 5 ans maximum de service militaire, et si, d'autre part, vous avez accompli au moins 12 ans de versements à la Caisse Municipale, ces 3, 4 ou 5 années s'ajouteront à votre temps de services. Autrement dit, il suffira d'avoir 27 ans de services pour obtenir la liquidation de pension sur 30 années, s'il y a 3 années de service militaire ; 26 s'il y en a 4 ; 25 s'il y en a 5.

Et c'est là, pour certains, l'un des côtés les plus intéressants de la Caisse Municipale.

Exemple : Supposons lors de la liquidation de pension un traitement moyen de 6.000 francs. Le participant a accompli 3 années de service militaire. Il est rentré à l'Administration à l'âge de 27 ans et a commencé ses versements à 28. Il devrait rester en service jusqu'à 58 ans, pour obtenir la liquidation de sa pension sur 30 années, c'est-à-dire pleine et entière. Mais il aura ses 3 années de service militaire qui ramèneront à 55 ans l'âge auquel il pourra prétendre à cette pension qui sera alors de $6.000 \times 30 : 45 = 4.000$. S'il accomplit deux années de services supplémentaires, il aura une pension de $4.000 + 2/45 = 4.177$ francs.

Mais s'il s'agit de la Caisse Nationale, le calcul de la pension est beaucoup plus compliqué. Si l'intéressé a été assujetti, par un changement de service, aux deux régimes, il l'est encore davantage.

Ce calcul sera cependant relativement facile en utilisant le barème que nous donnons page 76. Toutefois, pour les participants actuels qui ont été assujettis aux tarifs successifs de la Caisse Nationale, il faudra tenir compte : s'ils sont rentrés avant la guerre, du tarif 3 1/2 0/0 ; des traitements en vigueur à cette époque, de l'âge au premier versement ; du versement à capital aliéné ou réservé (1).

Ce versement varie encore non seulement du fait des augmentations de traitements, mais encore de l'élévation des versements de la Ville : 4 0/0 pendant les 10 premières années, 5 0/0 de la 10me à la 20me année, 6 0/0 au delà de la 20me année (2). On s'imagine facilement les nombreuses opérations auxquelles il faut se livrer. Puis le tarif de la Caisse Nationale est passé à 4 1/2 0/0 et il est maintenant de 5 0/0. Il faut tenir compte de tout cela.

------

(1) Les deux parts devant être à l'avenir versées à capital aliéné, le calcul sera plus simple.

(2) Les versements de la Ville seront désormais égaux à ceux de l'employé, quelle que soit la durée de ses services.

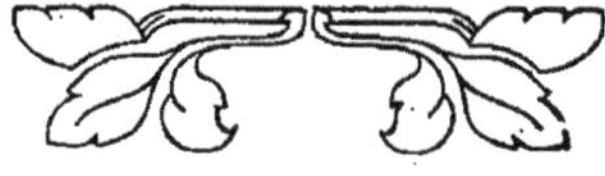

QUELQUES EXEMPLES

*pour guider dans leur choix les participants
de la Caisse Nationale pouvant,
en raison de leur âge, opter pour la
Caisse Municipale.*

F**, (Alphonse), brigadier égoutier : Traitement actuel (maximum), 6.000 francs. Né le 11 Janvier 1879. Entré en service le 1er Janvier 1903.

Adhérent à la C. N. des R. à la même date. (Age : 45 ans.)

Hypothèse A. — F**, continue ses versements à la C. N. R. au delà du 1er Janvier 1924. Liquidation de sa pension le 1er Janvier 1934.

La pension sera, dans ce cas, la suivante :

1° Rente produite par ses versements à la C. N. R. aux conditions actuelles, durant la période du 1er Janvier 1903 au 31 Décembre 1923 (compte livret de la C. N. R. et barèmes appropriés 673 06

2° Rente produite par ses versements à la C. N. R. aux conditions du nouveau règlement (6 0/0 du traitement à capital aliéné, par la Ville et l'intéressé) durant la période du 1er Janvier 1924 au 1er Janvier 1934...... 910 80
(Voir barème.)

3° Bonifications : a) à raison de 50 francs par an, du 1er Janvier 1903 au 30 Juin 1919...................... 825 »

b) à raison de 30 francs par an du 1er Juillet 1919 au 31 Décembre 1933 .... 435 »

Total........ 2.843 86

Hypothèse B. — F**, passe à la Caisse Municipale à la date du 1er Janvier 1924.

La liquidation de sa pension, à l'âge de 55 ans, le 1er Janvier 1934, sera la suivante :

1° Rente produite par ses versement à la C. N. R. aux conditions actuelles du 1er Janvier 1903 au 31 Décembre 1923 .... 673 06

2° Bonifications :

a) à raison de 50 francs par an du 1er Janvier 1903 au 30 Juin 1919 .... 825 »

b) à raison de 30 francs par an du 1er Juillet 1919 au 31 Décembre 1923 .... 135 »

3° Pension résultant de ses versements à la Caisse Municipale du 1er Janvier 1924 au 31 Décembre 1933 à raison de 7 0/0 de son traitement annuel et d'une allocation égale de la Ville : 6.000 × 10 : 45 .... 1.333 33

$$Total .... 2.966\ 39$$

Conclusion. — Le décompte ci-dessus accuse une différence de 122 francs 53 en faveur de la pension liquidée à la Caisse Municipale. Mais il ne faut pas oublier que, pour bénéficier de cet avantage F** devra, à compter du 1er Janvier 1924 :

1° Abandonner le premier douzième de son traitement, soit .... 500 »

2° Verser annuellement 1 0/0 de plus que s'il restait à la Caisse Nationale, soit : 60 × 10 ans............... 600 »

$$Total .... 1.100\ »$$

Autre exemple

M** (Pierre), cantonnier 2me classe. Traitement annuel : 5.000 fr. Passera à 5.300 fr. (maximum) le 1er Janvier 1927.
Entré en service le 16 Janvier 1913.

Hypothèse A. — M** continue ses versements à la Caisse Nationale au delà du 1er Janvier 1924.

Liquidation de sa pension, à 55 ans, le 1er Janvier 1933.

1° Rente produite par ses versements à la C. N. R. :

a) Chiffres figurant au livret compte arrêté au 24 Juin 1918 .... 137 96

b) Rentes produites par les versements de l'intéressé, aux conditions actuelles, du 1er Juillet 1918 au 1er Janvier 1924 .... 286 81

c) Rentes produites par les versements à la C. N. R. aux conditions du nouveau règlement (6 0/0 et capital aliéné). Période du 1er Janvier 1924 au 31 Décembre 1926 sur la base d'un traitement de 5.000 francs............ 290 34

Du 1er Janvier 1927 au 31 Décembre 1933, sur la base d'un traitement de 5.300 francs...................... 499 10

d) Bonifications : à raison de 50 francs par an du 1er Janvier 1913 au 1er Juillet 1919................... 325 »

A raison de 30 francs par an du 1er Juillet 1919 au 31 Décembre 1932 .... 405 »

Total........ 1.944 21

Hypothèse B. — M** passe à la Caisse Municipale à la date du 1er Janvier 1924·

La liquidation de sa pension sera la suivante :

1° Rente produite à la C. N. R. à fin Juillet 1918..... 137 96

2° Rente produite à la C. N. R. du 1er Juillet 1918 au 1er Janvier 1924 .... 286 81

3° Bonifications jusqu'en Juillet 1919 .... 325 »

4° Bonifications du 1er Juillet 1919 au 1er Janvier 1924 135 »

5° Pension résultant des versements à la Caisse Municipale du 1er Janvier 1924 au 31 Décembre 1933 (retenue 7 0/0, allocation égale de la Ville, c'est-à-dire durant 10 ans (minimum exigé)............................... 1.177 77

Total........ 2.062 54

Conclusion. — Différence en faveur de la Caisse Municipale 118 33

Mais pour obtenir ce résultat, M**, devra verser le premier douzième de son traitement, soit 416 67

Ses versements à raison de 7 0/0 se monteraient à 521 francs de plus qu'en restant à la Caisse Nationale, au total 937 67

À noter que cet employé n'aura à 55 anss que 20 ans de services. S'il continuait jusqu'à 60 ans, ce qui lui ferait 25 ans de services, il augmenterait sa pension : 1° En restant à la Caisse Nationale : 12 0/0 sur un traitement de 5.300 francs pendant 5 ans, à capital aliéné, de...................................... 383 61

2° En passant à la Caisse Municipale : 5/45 sur un traitement de 5.300 francs, de........... 588 88

Dans le deuxième cas, il pourra faire entrer en ligne de compte son temps de service militaire s'il y a lieu.

Voici un troisième exemple. — Celui de l'auteur de cette brochure :

Né le 23 Novembre 1882.

Date d'entrée au service : 1er Avril 1905. Adhérent à la Caisse Nationale (titulaire) le 1er Janvier 1907. (Traitement actuel : 6.700 francs.)

Hypothèse A. — Dans le cas de continuation à la Caisse Nationale au delà du 1er Janvier 1924 (liquidation de la pension à 55 ans le 1er Janvier 1938).

La pension sera dans ce cas la suivante :

1° Rentes produites par les versements à la C. N. R. aux conditions actuelles durant la période du 1er Janvier 1905 au 1er Juillet 1919 (1)....................... 300 17

Du 1er Juillet 1919 au 1er Janvier 1922 (2)............. 184 62

Versement à capital aliéné du 1er Janvier 1922 au 1er Janvier 1924 (tarif 5 0/0) (9 0/0 du traitement, Ville 5 0/0, employé 4 0/0).. 244 94

Total........ 729 73

2° Rente produite par les versements aux nouvelles conditions (6 0/0 à capital aliéné, Ville 6 0/0 : 12 0/0) du 1er Janvier 1924 au 1er Janvier 1938................ 1.514 85

3° Bonifications du 1er Septembre 1905 au 1er Juillet 1919 (50 francs) 687 50

Bonifications du 1er Juillet 1919 au 1er Janvier 1935 (30 francs) (maximum de 30 ans)..................... 465 »

Total de la pension........ 3.397 08

(1) Le calcul a été fait de 1919 au 1er Janvier 1922 d'après le tarif de 3 ½ 0/0. Il est légèrement inférieur à la réalité.

(2) Les versements sont faits à capital aliéné depuis le 1er Juillet 1921.

Hypothèse B. — Dans l'éventualité du passage à la Caisse Municipale, la pension s'établira comme suit :

1° Rente produite par les versements antérieurs au
1ᵉʳ Janvier 1924 à la C. N. R. y compris les bonifications.   1.552 23

2° Rente produite par les versements à la C. M. 7 0/0
du 1ᵉʳ Janvier 1924 au 1ᵉʳ Janvier 1938 (13 ans), soit 13/45
du dernier traitement (6.700 francs)......................   1.935 55

Total.......   3.487 78

D'où différence en faveur de la C. M. : 90.70. Comme l'intéressé
ne verse plus que pour lui seul, qu'il n'a pas de service militaire
à faire compter, il n'a pas beaucoup d'intérêt à verser à la Caisse
Municipale. Toutefois, comme il aura accompli à 55 ans 31 ans
de versements, si l'année supplémentaire lui est comptée à la C. M.
sa pension s'augmenterait dans le deuxième cas de : 99,25, soit :
3.487 fr. 78 + 99,25 = 3.587,03.

Autres exemples :

Voici deux employés entrés avant la guerre (1ᵉʳ Juillet 1913),
titularisés seulement à la suite d'un examen professionnel le 1ᵉʳ
Octobre 1919, et âgés, au 1ᵉʳ Janvier 1924, le premier de 32 ans, le
second de 40 ans. Quelle caisse doivent-ils choisir ?

Le premier aura, en restant à la Caisse Nationale, 27 ans de versements, à l'âge de 55 ans, 32 ans de services (son temps de mobilisation se trouvant compté), son traitement est actuellement de
6.000 francs. (3ᵐᵉ classe.)

A ce moment, sa retraite s'établira comme suit :

Rente produite par les versements du 1ᵉʳ Octobre 1919
au 1ᵉʳ Janvier 1924 (1)..............................   471 90

Rente produite par les versements à capital aliéné (nouveau régime) du 1ᵉʳ Janvier 1924 au 1ᵉʳ Janvier 1947,
dans l'hypothèse où cet employé accepte la retenue de
6. 0/0 : (approximativement).......................   3.154 18

Bonification (25 ans à 30 francs, 5 ans à 50 francs)...   1000 »

Total........   4.626 08

---

(1) Calcul fait sur le tarif 4,50 0/0. Le montant de la rente s'augmente
légèrement du fait que le tarif 5 0/0 joue du 1ᵉʳ Janvier 1922.

S'il passe à la Caisse Municipale :

Sa pension s'établira comme suit : (à 57 ans, âge où même en comptant son temps de service militaire sa pension sera liquidée, car il lui faudra 30 ans de versements) :

Rente produite par les versements à la Caisse Nationale au 1er Janvier 1924................................ 471 90

Bonifications (5 ans à 50 francs, 4 ans 1/2 à 30 francs). 385 »

Rente produite par les versements à la Caisse Municipale du 1er Janvier 1924 au 1er Janvier 1947 (23 ans de versements à 7 0/0 et versement du premier douzième d'appointements et de toute augmentation), 26 ans avec le service militaire, soit : 6.700 × 26 : 45.............. 3.871 11

Total........ 4.728 01

Cet employé a donc intérêt a passer à la Caisse Municipale.

Deuxième exemple.

L'employé est âgé de 41 ans. Il a été titularisé le 1er Octobre 1919 et n'a commencé ses versements qu'à cette date, donc à l'âge de 37 ans. Il est entré en service le 2 Février 1913 (date comptant seulement pour les bonifications).

A 55 ans, en restant à la Caisse Nationale, sa pension s'établira comme suit :

Rente produite par les versements du 1er Octobre 1919 au 1er Janvier 1924 .... 270 82

Rente produite par les versements à capital aliéné (nouveau régime) dans l'hypothèse où cet employé accepte également la retenue de 6 0/0 du 1er Janvier 1924 au 1er Janvier 1938 .... 1.417 65

Bonifications (5 ans à 50 francs, 19 à 30 francs)...... 820 »

Total........ 2.508 47

En reportant la liquidation à 60 ans, âge maximum, la pension s'augmenterait de 461 francs 50 et atteindrait par conséquent : 2.969 francs 97.

En optant pour la Caisse Municipale :

Il devra verser encore pendant 25 ans (22 si l'on déduit 3 ans de service militaire) et sa pension ne serait liquidée qu'à l'âge de 63 ans, le 1er Janvier 1947.

A cette date sa pension s'établirait comme suit :

Rente produite par les versements à la Caisse Nationale au 1er Janvier 1924.......................... 270 82
Bonifications (5 ans à 50 francs, 4 ans 1/2 à 30 francs). 385 »
22 ans de versements à la Caisse Municipale comptant
pour 25 avec service militaire, soit : 6.700 × 25 : 45.... 3.722 22

Total........ 4.388 04

Donc en optant pour la Caisse Municipale, et en restant seulement trois ans de plus à l'Administration, cet employé augmente sa pension de 1.418 francs 07. Il ne doit pas hésiter.

Exemple d'une femme de service

(Traitements les plus faibles.)

Supposons une femme de service titularisée et versant à la C. N. le 1er Janvier 1914, âgée actuellement de 35 ans, par conséquent née en 1889. Traitement actuel : 3.400 francs.

Liquidation de la pension à 55 ans, le 1er Janvier 1944.

La rente produite par ses versements à la Caisse Nationale du 1er Janvier 1914 au 1er Janvier 1924, peut se mon-
ter à environ .... 300 »

Si elle continue à la C. N. R. aux conditions nouvelles
6 0/0 de retenue, elle pourra prétendre à une rente (période du 1er Janvier 1924 au 1er Janvier 1944), de...... 1.544 »

à laquelle s'ajouteront les bonifications : du 1er Janvier
1914 au 1er Juillet 1919 (5 ans 1/2 à 50 francs).......... 275 »

du 1er Juillet 1919 au 1er Janvier 1944 (24 ans 1/2 à
30 francs) .... 735 »

Total........ 2.854 »

Deuxième hypothèse. — Cette femme de service opte pour la Caisse Municipale :

Sa pension s'établira comme suit :

1° Rente produite par ses versements antérieurs au
1er Janvier 1924 .... 300 »

2° Bonifications du 1er Janvier 1914 au 1er Janvier 1924
(5 ans et 6 mois à 50 francs, 4 ans et 6 mois à 30 francs). 410 »

3° Rente produite par ses versements à la Caisse Municipale : 20/45 de son dernier traitement (traitement
moyen des 3 dernières années), soit 3.800 × 20 : 45.... 1.688 88

Total........ 2.398 88

Donc différence en faveur de la Caisse Nationale de : 455 fr. 12, mais cela *grâce aux bonifications*, ne l'oublions pas.

Si cette femme de service n'avait été titularisée, et admise à verser qu'à l'âge de 30 ans (1er Janvier 1920), liquidation (C. N.) à 55 ans d'âge (25 ans de service) le 1er Janvier 1945.

Ses traitements successifs étant de :

3.400 francs jusqu'au 1er Janvier 1926 ;

3.600 francs du 1er Janvier 1926 au 1er Janvier 1934 ;

3.800 francs à partir du 1er Janvier 1934.

Rente constituée au 1er Janvier 1924 (4 0/0 aliéné, 4 0/0 réservé), environ	250 »
Du 1er Janvier 1924 au 1er Janvier 1926 (12 0/0 capital aliéné)	262 18
Du 1er Janvier 1926 au 1er Janvier 1934	837 04
Du 1er Janvier 1934 au 1er Janvier 1945	858 23
Bonifications (25 ans à 30 francs)	750 »
Total	2.957 45

En optant pour la Caisse Municipale :

(Au 1er Janvier 1924)

Rente produite à la C. M. au 1er Janvier 1924	250 »
Bonifications : 4 ans à 30 francs	120 »
26 ans de versements à la C. M. (60 ans d'âge), 3.800 × 26 : 45	2.195 50
Total	2.565 50

Là encore, avantage à rester à la Caisse Nationale.

Supposons maintenant que la même femme de service n'ait été titularisée qu'à 35 ans (toujours au 1er Janvier 1920). A 55 ans, 20 ans de service.

Rente produite en restant à la C. N.	1.685 07
Bonifications	600 »
Total	2.285 07

Si elle opte pour la Caisse Municipale ; sa pension s'établira comme suit, à 55 ans :

Rente de la C. N. (versements antérieurs au 1er Janvier 1924) 270 52
Bonifications : 4 ans à 30 francs................... 120 »
C. M. 16 ans de versements, soit 3.800 × 16 : 45.... 1.351 11

Total........ 1.741 63

Là encore, avantage apparent en faveur de la C. N.

Mais si cette femme de service continuait à verser à la C. N. jusqu'à 60 ans (faculté admise par le Règlement, art. 5.) elle se constituerait une rente de........ 2.285 07

Plus 5 ans de versements (12 0/0) sur un traitement de 3.800 francs................................. 68 85

Auquel il faut ajouter 5 ans de bonifications à 30 francs, soit .... 150 »

Total........ 2.503 92

Si d'autre part, elle a opté pour la Caisse Municipale, se pension se trouvera augmentée dans ce cas de :

3.800 × 5 : 45 = 422,22 + 1.741,63, total : 2.163,85.

La différence en faveur de la Caisse Nationale diminue, à mesure que nous nous rapprochons de l'âge limite prévu par le Règlement pour cette catégorie d'employées (45 ans).

La femme de service qui n'aura été titularisée qu'à 45 ans le 1er Janvier 1922, pouvant, par conséquent, opter pour la Caisse Municipale, se constituerait à la Caisse Nationale, jusqu'à 60 ans (soit 15 ans de versements), une rente de : 736 fr. 29, à laquelle s'ajouteront 50 fr. de bonifications, soit un total de : 1.186, fr. 29.

Si elle opte pour la Caisse Municipale, sa pension serait liquidée à 60 ans, sur le taux de 1.266 fr. 66.

Par les exemples qui précèdent, il ressort clairement que les participants actuels de la Caisse Nationale entrés à l'Administration depuis la guerre, et qui ont d'une part, bénéficié de suite de la nouvelle échelle des traitements fixée en 1919 ; d'autre part, de l'élévation du taux d'intérêt à la Caisse Nationale, n'ont pas beaucoup d'avantage à passer à la Caisse Municipale. Ils devront cependant réfléchir à l'abaissement possible du tarif actuel de 5 0/0 comme nous le disions plus haut, et pour les employés mariés, à la situation faite à leur veuve en cas de décès prématuré.

Il convient d'ajouter à la rente produite par les versements à la Caisse Nationale, la pension minimum servie à l'âge de 60 ans *par la Caisse des Retraites ouvrières et paysannes (loi du 5 Avril 1910), et dont une délibération du Conseil Municipal de Juillet 1912 fait bénéficier le personnel participant à la Caisse Nationale des retraites pour la vieillesse.*

.•.

Rente constituée en 10 ans, à dater du 1ᵉʳ Janvier 1924, par un employé admis à opter pour la Caisse Municipale, et âgé à ce moment de 45 ans :

10 ans de versements à la Caisse Nationale, à raison de 6 0/0 du traitement à capital aliéné. Part de la Ville 6 0/0, soit 12 0/0. Supposons un traitement de 6.000 francs.

La rente constituée à 55 ans par ces 10 années de versements sera de 855 36

Somme à laquelle il faut ajouter 300 francs de bonifications (10 ans à 30 francs)........................... 300 »

Total........ 1.155 36

Rente produite dans le même temps à la Caisse Municipale : 6.000 × 10 : 45 =........................... **1.333 33**

Part de la Veuve

1ᵉʳ Exemple : Dans le cas où F** (Alphonse), brigadier égoutier, décéderait après avoir pris sa retraite, sa veuve toucherait : 1° Si elle a 55 ans d'âge, la part de rente constituée par les versements de son mari à la Caisse Nationale, soit environ........ 336 »

2° La moitié des bonifications de la Ville (2ᵐᵉ rente viagère), soit .... 630 »

Total........ 966 »

Dans le cas où F** aurait opté pour la Caisse Municipale : La pension de la veuve s'établirait comme suit :

1° Rente viagère de la Caisse Nationale............... 336 »

2° Part de bonification.................................. 480 »

3° 1/2 pension de la Caisse Municipale.............. 666 66

Total........ 1.482 66

2me Exemple : Dans le cas où M·· (Pierre), cantonnier, décéderait après avoir pris sa retraite, sa veuve toucherait :

1° Rente de la Caisse Nationale...................... 211 38
2° Moitié des bonifications........................ 365 »

Total........ 576 38

- Dans le cas où M·· opterait pour la Caisse Municipale, la pension de la veuve s'établirait comme suit :

1° Rente viagère de la Caisse Nationale............. 211 38
2° Part de bonification .... 230 »
3° 1/2 pension de la Caisse Municipale............ 588 88 /

Total........ 1.038 26

* * *

Droits des orphelins mineurs

1° Caisse Municipale (Voir art. 20, 21 et suivants du règlement).
2° Caisse Nationale. — La pension servie par la Caisse Nationale des retraites à la veuve est reversible, en cas de décès de celle-ci sur la tête des enfants mineurs. Il en est de même des bonifications de la Ville. S'il existe, au moment du décès de l'employé, des enfants mineurs issus d'un précédent mariage, la pension viagère servie par la Ville, et la rente de la Caisse Nationale, seront réparties par parts égales entre la veuve et ces enfants.

————————

Pensions Proportionnelles

(Cas de suppression d'emploi, infirmités, affections chroniques, etc.)
(Art. 7, § 2 du Règlement de la Caisse Municipale
maintenu pour le personnel en service au moment de la signature
du Décret du 17 Octobre.)

Femme de service (Traitement supposé après 10 ans de service : 3.000 francs, retraite proportionnelle........ 800 »

Cantonnier (Traitement supposé après 10 ans de service 5.000 francs, retraite proportionnelle........... 1.111 11

Ouvrier d'état (Traitement supposé après 10 ans de service : 6.100 francs, retraite proportionnelle............ 1.355 55

Expéditionnaire (Traitement supposé après 10 ans de service : 6.500 francs, retraite proportionnelle........ 1.444 44

Par application du nouveau Règlement,

Pour les futurs participants (Liquidation reportée à 55 ans d'âge pour le cas de suppression d'emploi). Minimum de temps de service exigé : 15 ans.

Femme de service (Traitement sup. : 3.800 fr. R. prop.   844 44
Cantonnier   —   —   5.300   —   1.177 77
Ouvrier d'état   —   —   6.500   —   1.444 44
Expéditionnaire   —   —   7.200   —   1.600 »

Aucune condition d'âge ni de durée de services, n'est exigée en cas d'accident résultant notoirement de l'exercice des fonctions, et mettant l'employé hors d'état de les continuer (Art. 7, § 3).

Dans les cas prévus à l'art. 12, la pension est égale aux 2/3 du dernier traitement quels que soient l'âge et la durée des services.

Exemples : Cantonnier : 5.300 × 2 : 3 = 3.533.33.

Ouvrier d'état : 6.900 × 2 : 3 = 4.600.

Demandes de Liquidation de Pension

FORMULE 1.

Lyon, le .... 19 .

Monsieur le Maire,

Le soussigné (nom et prénoms, profession) employé au service
d............., entré à l'Administration municipale le............,
et admis à verser à la (Caisse Nationale des Retraites pour la Vieil-
les, ou Caisse Municipale des Retraites de l'Administration Municipale), le............. .

A l'honneur de demander à Monsieur le Maire la liquidation de sa
pension (pour ancienneté de service ou pour cause de maladie,
d'infirmité, etc.).

Ci-joint les pièces exigées par le Règlement. (Voir nomenclature
des pièces à fournir.)

Veuillez agréer, Monsieur le Maire, etc.

Signature :
Adresse :

* * *

FORMULE 2.

Lyon, le .... 19 .

Monsieur le Maire,

La soussignée (nom et prénoms) veuve de (nom et prénoms du
mari), employé au service d........., décédé le (date du décès),

A l'honneur de solliciter de Monsieur le Maire l'attribution d'une
pension viagère, conformément au Règlement de la Caisse Municipale (ou de la Caisse Nationale) à laquelle participait son mari depuis
le (date du premier versement).

Dans l'espoir que sa demande sera prise en considération, elle
prie Monsieur le Maire d'agréer, etc.

Ci-joint les pièces exigées par le Règlement. (Voir nomenclature
des pièces à fournir).

Signature :
Adresse :

Formule 3.

Lyon, le 19   .

Monsieur le Maire,

La soussignée (nom et prénoms) veuve de (nom et prénoms du mari), retraité de la (Caisse Municipale ou Caisse Nationale), et décédé le (date du décès), à (lieu du décès).

A l'honneur de solliciter la part de pension qui lui revient du fait du décès de son mari, en conformité des articles 17, 18 et 19 du Règlement de la Caisse Municipale.

Si le décédé était titulaire d'une pension de retraite de la Caisse Nationale, remplacer par la formule suivante) :

..en conformité du Règlement de la Caisse Natinoale (art. 4 et 9) et de la délibération du Conseil Municipal du 19 Juin 1922. (Cette délibération peut être également invoquée dans le cas de la formule 2.)

Dans l'espoir, etc.

· Ci-joint les pièces exigées par le Règlement. (Voir nomenclature des pièces à fournir).

Signature :

Adresse :

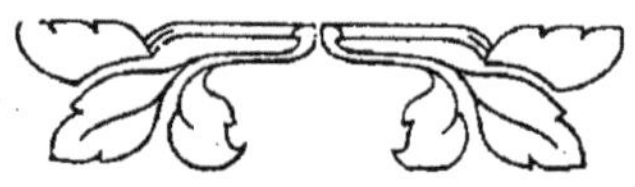

Déclaration d'Option

FORMULE 1.

Je soussigné (nom et prénoms), né le.........., à..........., occupant actuellement l'emploi de .... (*titulaire*), (1) au Service Municipal de .... ; après avoir pris connaissance des nouvelles dispositions apportées au Règlement de la Caisse des retraites du personnel municipal, par décret du 17 Octobre 1923, déclare opter pour cette Caisse, et souscrire à toutes les conditions auxquels sont assujettis les adhérents à cette Caisse en vertu du Règlement qui la régit (2).

Je déclare, en outre, demander à être autorisé à échelonner le versement de la retenue du premier douzième de mon traitement sur une période de ....mois (3).

Signature :

* * *

FORMULE 2.

Lyon, le 19

Monsieur le Maire,

Je soussigné (nom et prénoms) né le.........., à ...., occupant actuellement l'emploi de.......... au Service Municipal d.........., après avoir pris connaissance de la délibération du Conseil Municipal du 19 Juin 1922, déclare vouloir continuer mes versements à la Caisse Nationale et rester sous le régime des retenues et allocations de la Ville, institué par la délibération du 1er Mars 1900.

Recevez, Monsieur le Maire, etc.

Signature :

Adresse :

---

(1) Il est rappelé que seul le personnel titulaire peut user du droit d'option.

(2) Cette formule d'option est conforme au modèle adressé aux intéressés par l'Administration ; nous recommandons d'y ajouter ceci : « étant entendu qu'étant en fonctions à la date du décret, je bénéficierai des dispositions de l'ancien Règlement. »

(3) La période maximum autorisée est de 12 mois.

Imprimerie Clémentelle & Creusat

8, Rue Marietton

LYON - VAISE

www.ingramcontent.com/pod-product-compliance
Ingram Content Group UK Ltd.
Pitfield, Milton Keynes, MK11 3LW, UK
UKHW031835170726
13836UKWH00004B/1707